バカとブスこそ金稼げ!

泉 忠司

マネジメント社

はじめに――バカとブスこそ金稼げ！

バカとブスこそ金稼げ！

この表題にムカついた方も多いのではないでしょうか。

これは、かつて一世風靡して社会現象にまでなったドラマ『ドラゴン桜』の名言、「バカとブスこそ東大へ行け」を改変したものです。

『ドラゴン桜』とは、荒れ果てた底辺校の生徒がたった1年で東大に合格するという物語。講談社の『週刊モーニング』で連載（2003～2007年）されて人気を博していた漫画を原作として、阿部寛さん、長澤まさみさん、山下智久さん主演でドラマ化されたものです。ちなみに原作では「バカこそ東大へ行け」という言葉が使われています。

僕はこの『ドラゴン桜』のモデルと言われています。でも厳密に言うと、これは正しくありません。

前作の連載を終えた漫画家の三田紀房先生が当時の担当編集者の佐渡島庸平さんに「次は大学受験ものを描こうと思う」と言ったところ、佐渡島さんは「大学受験ものということは、勉強のできない生徒が東大に入って終わりという話ですよね。そんなの面白くないですよ。だって東大は誰でも入れますから」と答えました。

日本を代表する名門進学校の灘高校から東大英文科に進んだ佐渡島さんにとって「東大は誰でも入れるところ」だったのです。これを聞いた三田先生は「東大は誰でも入れる⁉世間は誰もそう思っちゃいない。東大に誰でも入れるのが本当なら、それを描けば面白いじゃないか！」と考えました。この着想からスタートした漫画が『ドラゴン桜』です。

連載するにあたり、三田先生と佐渡島さんは高校や予備校のカリスマ先生たちへのリサーチを開始します。そして、各先生たちから調査した勉強法や受験対策のいいとこ取りをして『ドラゴン桜』を描いていきました。この時、三田先生も佐渡島さんも大学教員の僕のところにはリサーチに来ていません。だからモデルというのは正しくないのです。

この漫画を原作としたドラマ『ドラゴン桜』の放送が始まると同時に、「このドラマは泉さんの話ですよね？」「泉先生がモデルでしょ！」と驚くほど多くの方から言われるようになりました。恥ずかしながら、漫画の存在もドラマの存在も知らなかった僕にとっては謎以外の何ものでもありません。しかし、あまりにも毎日のように言われることから、コミックを買って読んでみました。

どうしてこの漫画家は僕のことを知ってるんだろう…。

読み終わった後、そう思わずにはいられませんでした。

漫画のなかで描かれている世界観や思考法ばかりか、各教科の具体的な勉強法までもが、僕が高校時代に偏差値30から半年で全国模試1位をとった時のものとほとんど同じだったのです。大学での講義や講演会、書籍などを通して僕の経験を知っている人であれば、間違いなく僕の物語と考えるはず。

一方、同じタイミングで講談社側にも「これは泉先生の話ですよね?」という声が様々な方から耳に入っていて、「誰だ、それは?」と興味を持ってくださっていたようです。

その後、佐渡島さんと僕の共通の知人であったZ会の方の橋渡しにより、晴れて対面。「この漫画そのものをリアルに生きている人がいた! 本物のドラゴン桜だ!」ということで、「リアルドラゴン桜」と呼ばれ、一緒に講演会を行い、コミックのなかでもご紹介いただきました。

さて、本題に戻ります。

「バカとブスこそ金稼げ!」という表題にムカついた方も多いのではないでしょうか。

ちなみに「バカ」と「根っからのバカ」はまったく違います。

この表題にただムカついて、差別主義者だの金尊主義者だのとギャーギャー騒ぐだけの人は「根っからのバカ」。そういう人は現状の問題を認識できず、悪いのは何でも他人のせい、先生のせい、上司のせい、社会のせいと考えるばかり。自分の人生の責任を自分で取れず、何から何まで誰かに面倒を見てもらわないと何もできません。

自分の力で生きていけないどころか、それができてないことに気づいてさえいない「根っからのバカ」は、これ以上この本に触らないでください。2ちゃんねるなどの匿名掲示板でピーピーほざいて、「根っからのバカ」同士で傷をなめあい、極貧街道まっしぐらに進めばいいんです。僕には救いようがありません。

僕が「バカ」と呼んでるのは、世の中の仕組みや真実を直視しようとせず、そこから目を背けてただ漫然と流されるだけの日々を過ごしている人のこと。「どうでもいい」「どうせ無理」と投げ出して思考停止するから「バカ」なのです。

こういう人たちは、ちょっとしたきっかけで成功へのプラチナチケットをつかむことができます。ただのバカだった『ドラゴン桜』の生徒たちが桜木先生との出会いによって人生を大きく変えることができたように。

ちなみに、「ブス」はもちろん生得的な外見のことを言ってるのではありません。世の中への関心も周囲への好奇心も持たず、何も考えずにただ流されて人生を浪費しているだけの人に、内面からの輝きが外に出てくるわけがありません。そういう人は男も女も「ブス」。分かりやすく言うと、「バカ」と「ブス」は同義です。

「自分はバカじゃない！」なんて強がりはやめてください。このままじゃ先が見えないということを自分でも薄々感じてる人は多いはず。そう感じる力があれば、「根っからのバカ」ではありません。この本はそういう人にとって人生を激変させる大きなきっかけとなるでしょう。

何の夢も描けない真っ暗闇から抜け出すことができるのです。

まずは信じることが大切。
信じるか信じないか。
それが人生の分かれ道です。

もくじ◎バカとブスこそ金稼げ！

序章

社会のルールは金持ちに都合のいいように作られている

社会のルールはすべて金持ちが作っている

これは真実です。

社会のルールはすべて金持ちが作っています。つまり、この社会のルールは金持ちに都合のいいように作られているのです。金持ちはさらに金持ちに、貧乏はさらに貧乏になるようにできています。 頭のいい人はそこを見抜いてルールを上手に利用することができる。そして金持ちの仲間入りを果たしてルールを作る側に回ります。でも、バカはそのルールさえ調べようともしない。つまり、お金を稼げないバカは一生負け続けるようにできているのです。

案の定、ごく少数の富める人と圧倒的多数の貧乏な人という凄まじいまでの二極化が進んでいます。

国税庁の民間給与実態統計調査によると、２０１４年の全給与所得者に対する年収１０００万円以上の人の割合はたった3・9％。１００人中４人もいません。年収２０００万円以上になると0・４％。２５０人にわずか１人という割合です。これに対して年収３００万円以下の割合は40・９％。１００人中40人以上もいます。

ちなみに日本人の平均年収は４０８万円。

日本国憲法第25条に「すべて国民は健康で文化的な最低限度の生活を営む権利を有する」と書かれていますが、４０８万円で「最低限度の生活」が今の日本で可能でしょうか？

４０８万円から所得税や住民税等の各種税金を払い、健康保険料を払い、年金を払い、家賃を払い、ガス・水道・電気等の公共料金を払い、携帯電話等の通信費を払い…。その時点でいったいいくら残るのでしょう。

日本国憲法が制定された１９４６年は終戦直後で衣食住さえままならない時代でした。確かに戦後すぐに考えられたような、住むところがあり、食べるところがあり、着るものがあるというレベルでの「最低限度の生活」は、年収４０８万円あれば今の日本でも可能です。

でも、今の日本で平均的な日本人が望む「最低限度の生活」は明らかにレベルが上がっています。冷蔵庫やテレビや洗濯機は言うまでもなく「最低限度」に含まれますよね。パソコンや携帯電話も「最低限度」に入ります。車がなければ移動できないような田舎のエリアでは、車さえも「最低限度」に含まれますし、エアコンも「最低限度」に入ると考える人も多いのではないでしょうか。

こうなってくると、年収408万円ではは っきり言って不可能に近いですよね。今の日本人が考える「最低限度の生活」を維持するためには、年収700万円〜1000万円は必要だと試算する人もいるくらいです。

それを裏付けるかのごとく、2014年末に内閣府が発表した2013年度の国民経済計算確報によると、家計貯蓄率がマイナス1・3%になりました。比較可能な統計が出ている1955年以降で初めてのマイナスです。

家計の所得から最終消費支出を引いたものが「貯蓄」できる金額ですよね。それがどの程度の割合あるのかを算出しているものが家計貯蓄率。つまり、家計貯蓄率のマイナスは、家計が所得以上に消費し、これまで蓄積してきた資産を取り崩していることを意味します。分かりやすく言うと、家計の収入を支出が上回る赤字状態だということです。

２０１４年に厚生労働省が発表した日本の相対的貧困率の推移によると、２０１２年の日本の相対的貧困率は16・１％。国民の６人に１人が貧困層にあたります。

これらはすべて僕の私見ではなく、国税庁、内閣府、厚生労働省などが正式に発表しているデータです。

これらの事実から目を背けますか？　圧倒的多数の日本国民はすでに経済破綻していると言っても過言ではありません。その一方で、ごく少数の富裕層が厳然と存在するのも事実です。

もう一度言います。

社会のルールはすべて金持ちが作っています。

極貧街道まっしぐらから逃れたければ、お金を稼がなければならないのです。

「お金を稼がなきゃいけないのは分かった。でもどうやって？」

そう思った方は「バカ」からの脱却への道をすでに歩みはじめています。きちんと物事を客観視して、「どうせ無理」という諦めから、ニュートラルに疑問を抱きはじめているからです。

『ドラゴン桜』と少しタイプは違いますが、やはり熱血教師ものとして２００５年に天海祐希さん主演で放送されたドラマ『女王の教室』のなかに衝撃的な台詞がありました。

いい加減、目覚めなさい！
日本という国は、そういう特権階級の人たちが楽しく幸せに暮らせるように、あなたたち凡人が安い給料で働き、高い税金を払うことで成り立っているんです。そういう特権階級の人たちが、あなたたちに何を望んでるか知ってる？
今のままずーっと愚かでいてくれればいいの。世の中の仕組みや不公平なんかに気づかず、テレビや漫画でもぼーっと見て何も考えず、会社に入ったら上司の言うことをおとなしく聞いて、戦争が始まったら、真っ先に危険なところへ行って戦ってくれればいいの。

（『女王の教室』より）

僕自身、父が酒とギャンブルで身を持ち崩し、毎日借金取りが家に怒鳴り込んでくるような究極の極貧生活から、億万長者と言われるところまで登りつめました。そんな僕の経験的に言うと、『女王の教室』のこのセリフは真実です。世の中が稼げば稼ぐほど楽になる仕組みになっているのは間違いありません。

「一億総上流」への道

特権階級は学校や会社では「お金の仕組み」を絶対に教えませんし、教えてはいけないルールを作っています。そりゃあそうに決まってますよね。教えてしまうと自分たちに都合が悪くなりますから。

でも僕は本書であえてそれを教えます。今のままでは日本が本当に沈没してしまうからです。

日本全国を講演会で回っていると、どこもかしこも不景気という声ばかり。商店街のシャッターが軒並み閉まっている様を見ると悲しくなります。

しかし同時に、「日本はまだまだ大丈夫」とも思わずにはいられません。

だって、日本国民全員が打てる手を全部打っても今のような状態ではさすがに厳しいものがありますが、現状としては日本人のほとんどすべてが「お金の仕組み」をただ知らないだけ。逆に言うと、これまでお金持ちが自分たちの専売特許にしていた「お金の仕組み」を一人一人が学びさえすれば、日本は余裕で復活できます。

もっと言うと、かつて「一億総中流」と言われた時代がありましたが、今の時代であれば「一億総上流」さえ可能です。一昔前は確かにお金を稼ぐのは難しかったかもしれません。年収1億円は不可能に近かったし、年収1000万円も大変でした。しかし、今の時代は非常に稼ぎやすくなっているのです。

詳しくは本編に譲りますが、お金を稼ぐのに知能はさほど重要ではありません。必要なのは「お金」の本質を理解し、きちんと仕組みを作ること。周到な戦略のもと、しっかりと訓練を積めば、年収1000万円はおろか、年収1億円だって十分に達成可能です。

『ドラゴン桜』の名言風に「序章」を終えたいと思います。

いいか、教えてやる！　金を稼ぐのは簡単だ！

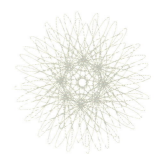

第1章

お金を稼げる「学び方」

正しく学べば、結果は出る！

「お金の仕組み」について学んでもらう前に、まずは「学び方」そのものを学んでもらいます。

何事に取り組むにしても「学ぶ」ということは必要不可欠です。このことに異を唱える人はいませんよね。そして、実際に一生懸命学んでいる人もこの世の中にはたくさんいます。にもかかわらず、誰もが望む結果を得られるとは限らない。むしろ、うまくいかない人がほとんどです。

学生時代、毎日8時間も9時間も勉強しているのに一向に成績が伸びなかった人がクラスにいませんでしたか？　正直言って、結果につながらないのであれば、学んでいるとは言いません。学んでいるフリをしているだけです。

「正しく」学べばきちんと結果は出ます。

ほとんどの人がうまくいかない理由、それは学び方が分かっていないからです。

ここでは、結果につながる「**学び方の3原則**」を教えていきます。

学び方の3原則その1　超一流から学ぶ

親・兄弟・恋人・友人・配偶者の言うことは聞くな！

「学び方」について考える際、「何を学ぶか？」や「どのように学ぶか？」はもちろん大切ですが、もっとも重視すべきは「誰に学ぶか？」です。

これが最初にして最大のポイントであると言っても過言ではありません。

例えば、独立を考えているサラリーマンがいるとします。その際、真っ先に相談するのが配偶者や恋人や、両親のような身近な人というのが、よくあるケースではないでしょうか。そこで、次のようなやり取りがなされたとします。

サラリーマン：俺、そろそろ会社を辞めて独立しようと思うんだ。どう思う？

妻：あなたにそんな器あるわけないでしょ！　バカみたいなこと言ってないで、ちゃんと真面目に会社に行ってよ。子どもだってまだ小さいんだから。

サラリーマン：そうだよな…。俺のことをいちばん知ってるお前がそう言うくらいだ。やっぱ俺には社長の器はないか…。

僕は、このように身近な人から反対されて何かを諦めた経験のある人をたくさん見てきました。

ここで一言、言いたい。

「奥さん、あなたは松下幸之助ですか？　あなたは孫正義ですか？」と。

この奥様が専業主婦だとします。すると確かに炊事・洗濯・掃除は得意でしょう。子育てにかけては天才かもしれません。でも、起業したことのない人に起業のことが分かるわけありません。ましてや、起業を志そうとしている人の才能を見抜く目なんてあるわけがないのです。

では、このサラリーマンが起業を諦めるに至った原因は、よく分かりもしないのに無責任な言葉を放った奥様にあるのか？

そんなことはありません。奥様は大切なご主人から相談されたので、正直に自分の意見を言っただけ。悪いのは、会社経営をしたことがない奥様を相談相手に選び、その人の言うことを鵜呑みにしたこのサラリーマンです。

もし奥様が会社経営の超一流なら、奥様の言うことを聞けばいい。奥様が20年連続で何社も黒字経営している社長であるとか、数千億円単位で利益を上げている上場企業の社長であるなら、奥様の言うことを聞くべきです。

でも、そうじゃないのであれば、なぜ「身近だから」というだけの理由で奥さんに相談し、その人の言うことを鵜呑みにするのか。

ダイエットしようと思った時、体重が100キロ以上あるようなデブに、「ダイエットのことで相談したい」と持ちかけることがいかに馬鹿げてるか。

その人に聞いたところで、有益な情報やノウハウを得られるわけがないのです。でもきっとその人は身近な友人から相談されれば、親切にアドバイスしてくれるでしょう。

だけど、その人の言うことを鵜呑みにしてはいけません。もっと言うと、デブにダイエットのことを相談すること自体が間違いなんです。

このような不毛なことが毎日のようにいたるところで行われています。

日本では昔から「親の言うことを聞きなさい」と子どもに教えますが、はっきり言ってこれは嘘。

親・兄弟・恋人・友人・配偶者の言うことは絶対に聞いてはいけません。

「ただ身近だから」というだけの理由で、その人の言うことを聞くから結果が出ないのです。ただし、その人が結果を出している場合はもちろん除きます。

超一流から学べ！

何かを学ぶ場合、「結果を出している人から学ぶ」というのが大原則です。それも適当な結果ではなく、圧倒的な結果を出している人から学んでください。ナンバーワンの結果を出している人から学ぶ機会を入手できるのであれば、それにどれほどの時間とお金と労力を割いてもいいくらいです。

まさに本書のテーマである「**お金の稼ぎ方**」を学ぶとします。

絶対にやってはいけないことは、「身近だから」というだけの理由で、年収２００万円とか３００万円の家族や恋人や友人の意見を聞くことです。だって、その人たちは稼ぎ方を知りません。だから彼らの年収は２００万円とか３００万円なのです。デブにダイエットの方法を聞いても、何も有益な学びが得られないのと同じことです。

お金の稼ぎ方を学ぶのであれば、実際に稼いでいる人から学んでください。なぜなら、その人は稼ぐ方法を知っているからです。しかも、どうせ学ぶなら圧倒的な結果を出している超一流から学ぶべき。

年収１０００万円の人は１年で１０００万円稼ぐ方法を知っています。その人から学べば、１０００万円の稼ぎ方は教えてもらえるでしょう。でも残念なことに、その人は１年で２０００万円稼ぐ方法は知りません。もし知っていれば、自分が２０００万円稼いでいるはずですから。

これに対して、年収1億円の人は1年で1億円稼ぐ方法を知っています。だからこそ、その人自身が年収1億円なのです。言うまでもなく、年収1億円の人は１０００万円くらい簡単に稼ぎます。

頑張って頑張って、1年で１０００万円稼ぐ方法を年収１０００万円の人から学ぶのと、

1000万円は1～2か月で軽くクリアし、それを通過点として1年で1億円稼ぐ方法を年収1億円の人から学ぶのと、どちらがいいですか？

僕なら絶対に後者を選びます。

野球を学ぶとしても、近所の草野球チームのおじさんから学ぶのと、王貞治さんやイチローさんから学ぶのと、どちらがいいですか？

考えるまでもないですね。

1人の超一流は100人の一流に勝り、1000人の二流に勝り、10000人の三流に勝ります。

「身近だから」というだけの理由で、結果を出していない人から学んではいけません。たとえ親でもその人の言うことは聞いちゃダメ。超一流の師を貪欲に求めてください。

超一流の師から学ぶことを徹底するだけで、結果は大きく変わります。

『ドラゴン桜』で生徒たちが超一流の先生たちから学ぶことで、考え方や行動を大きく変え、見る見る成績を上げて、たった1年で東大に合格したように。

超一流の師を探す方法や出会い方は第2章で詳しく説明していきます。

学び方の3原則 その2　素直に聞く

素直に聞いて、そのまま受け入れろ！

学び方の３原則その１は、「結果を出している人、それも圧倒的な結果を出している超一流から学ぶこと」でした。

ここで超一流から学ぶ際に必要不可欠なことがあります。

それは、素直に聞くことです。

これこそが、まさに学び方の３原則その２に当たります。

インターネットマーケティングの世界で圧倒的な結果を出し続け、自他ともに認める業界ナンバーワンの小玉歩さんと会食をしていた時のこと。

小玉さんは僕の会社の20代前半の女性社員たちに「ＬＩＮＥの使い方を教えてもらえないかな？」とおもむろに尋ねました。当時流行りはじめたばかりのＬＩＮＥに僕も小玉さんもまだ登録さえしていない時期のことです。

ＳＮＳの活用も含めたインターネットマーケティングの世界で右に出る人はいない小玉さんから、まさかＬＩＮＥの使い方を聞かれるなんて思ってもいなかった若い女性社員たちは驚きを隠せず、戸惑っていました。

小玉さんは「だってＬＩＮＥの登録の仕方さえわかんないもん。教えてもらえる？」とお願いします。

女性社員たちが「いいのかな…」という表情でチラリと見るので、僕が頷くと、彼女たちは小玉さんの隣に行って、ＬＩＮＥの登録方法や使い方などを教えはじめました。

小玉さんはそれに対して、「こうしたほうがもっといいんじゃないか」という類の口出しなどいっさいせず、女性社員たちの言うことを丁寧な物腰で素直に聞いて、そのまま受け取ります。知らない人からすると、中途採用の新入社員に先輩たちが教えている場面にしか見えなかったでしょう。

これを隣で見ていた僕は、「さすがだな。だから小玉さんは業界のトップに何年にも渡って君臨しているのだ」と感心せずにはいられませんでした。

ＬＩＮＥの様々な機能を知り尽くし、見事なまでに使いこなしている20代前半の女性社員たちは「ＬＩＮＥの使い方」に関して超一流です。

言うまでもなく、社会的な立場からすると小玉さんのほうが圧倒的に上。しかも教わる対象がインターネットマーケティングの範疇内のＬＩＮＥですから、プロとしてのプライドが邪魔をして「教えて欲しい」と言えなかったり、たとえ教わるとしても、素直に聞けない人が多いのではないでしょうか。

でも、小玉さんは僕の会社の20代前半の女性社員たちが「ＬＩＮＥの使い方の超一流」と見るや、素直に教えを乞うて、それを愚直に受け取るのです。

小玉さんはその後、ＬＩＮＥを使いこなし、ＬＩＮＥマーケティングからも桁外れの利益をあげるようになりました。

まずはきちんと型を守れ！

超一流が教えてくれることを素直に受け取る。

この当たり前のことができない人がどれほど多いことか。

ゴールに先に到達している人は、それが困難な道であればあるほど、紆余曲折を繰り返してたどり着いています。そのうえで、「これが最短距離だよ」と教えてくれるのですよ。

それを疑ったり、ああだこうだと自分の主張を挟んだりする前に、まずはそのまま受け入れるのです。

以前にこういうことがありました。

大学で僕の英語の授業を受講している学生が「先生に英語を教わったし、自分なりにやってみたけど、できるようにならなかった。やっぱり私には英語の才能がないんだ」と言ってきました。

「自分なりに」という言葉が引っかかった僕は、僕から言われたことをそのままやったのかと聞いてみました。すると、まったく言われたとおりやっていないのです。

例えば、「英語は頭に入れていく順番が大事だ。だから、単語を覚えていく前に、まずは英語という言語の仕組みを理解しろ」と常々言ってきました。

でも、この学生は「先生は英語の仕組みとか言ってるけど、なんだかんだ言って、単語がすべてだよね」と友人と話し合い、単語集を一生懸命覚えることにもっとも時間を割き、英語の仕組みは適当にやっていたのです。

「教えたとおりやって、それでもできなかったら俺の責任だ。でも、言われたとおり全然やってないじゃないか！　お前は英語の才能がないんじゃなくて、単に素直に聞く力に欠けるだけ。そこを修正しない限り、どんな先生に何を教わろうができるようにならない。逆に言うと、そこを直せばいいだけだから簡単だ！」と僕は言いました。

僕は大学院の博士課程まで行き、最終的にはケンブリッジ大学に留学し、帰国後に大学で英語を教えています。英語の参考書だってこれまで10冊以上書いてきました。自分で言うのもなんですが、英語にかけては超一流と言って間違いありません。

どうしてその先生の教えをそのまま受け取らず、英語ができない者同士で話し合って、違うことをやってしまうのか。

ゴールにたどり着いている人が「右に進め」と言ってるところで、「先生はそう言うけど、左に行ったほうがいい気がする」と考えて左に進む。それでゴールにたどり着けるわけがありません。

カーナビをイメージしてみましょう。現在地と目的地をセットすると最適ルートが表示されます。それは衛星という言わば「宇宙からの目」で俯瞰して教えてくれる道順です。どう考えても、それが最適ルートに決まっています。それなのに、カーナビが右を指し示しているところで、「このカーナビ間違ってる気がする」と勝手に左に進んで行く。これでは目的地にたどり着けるわけがありません。

しかも厄介なことに、自分では目的地に向かって車を走らせている「気になっている」。これでは8時間走ろうが、9時間走ろうが、ゴールからどんどん遠ざかるばかりです。

超一流の先生から学び、自分なりに何時間も努力しているのに、ぜんぜん結果が出ない。その原因は火を見るより明らかです。「自分なりに」というのがいけません。

日本の伝統芸能や武術の世界に「守破離《しゅはり》」という言葉があります。

まずは師匠から言われた型を「守る」ところから修行が始まります。その後、その型を自分自身と照らし合わせて研究することで、自分に合ったより良い型を作り出し、既存の型を「破る」。

師匠から学んだ型を守り、そのうえで己が型を作り出すということは、自分自身と技について完全に理解しているため、最終的には型から自由になり、型から「離れ」て自在になることができる。これが「守破離」が意味するところですが、これこそが学びの極意、真髄です。

「守り」もせず、型の存在さえ知らないところからいきなり「破り」、「離れ」ようとしたところで、千年に一人の天才でもない限り、できるわけがありません。

『ドラゴン桜』に次のような言葉があります。

素のままの自分からオリジナルが生み出せると思ったら大間違いだ。
想像するってことはまず真似ることから始まるんだ。
基礎となるカタをまず身につけ、それを工夫とアイデアでアレンジしていくんだ。
てめぇにカタがあるのか？
「カタにはめるな」なんてほざく奴はただのグータラの怠け者だ。

（『ドラゴン桜』より）

「学ぶ」ということは、まず「受け入れる」ということ。

超一流の先生から言われたことを、素直に聞いて、型をきちんと守ってください。

そこから「学び」が始まります。

学び方の3原則　その3　そのままやれ！

素直にそのまま実行せよ！

超一流が教えてくれることを素直に受け取ったら、そのまま実行する。

これが学びの3原則その3です。

簡単だと思う人もいるでしょうが、この「そのままやる」ということがなかなかできないから結果につながらないのです。

2年前に僕がダイエットをしようとした時のこと。

僕は身長160センチで、個人的なベスト体重は55キロです。それが不規則な生活と深夜の食事の連続で63キロまで太ってしまいました。当時、弟子やファンと一緒に行くエーゲ海クルーズを2か月後に控えていた僕は、海辺で引き締まった肉体を披露すべく、痩せることを決意。人生で初めてのダイエットに着手します。

最初にやったのは当然、超一流の先生を探すことでした。日本一のパーソナルトレーナーを見つけ出すべく、Googleで「パーソナルトレーナー」と検索するところから始めます。

様々な情報が溢れかえるなか、僕がチェックしたのは実績のみ。例えば、銀座や青山のような一等地にジムを構えているからといって、そこのトレーナーが優秀とは限りません。ちょっとお金を出せば一等地の物件を借りることは誰にでも可能ですから。また、ホームページがおしゃれというのも僕にとってはどうでもいいポイントでした。ちょっとお金を出して優秀なWEBデザイナーに依頼すれば、おしゃれなホームページは誰にでも作れますから。

僕がチェックしたのはあくまでも実績だけです。例えば、どの芸能人やスポーツ選手のパーソナルトレーナーをやっているのかという点は調べました。その芸能人やスポーツ選手の身体そのものが、トレーナーの目に見える実績ですから。また、これまでに何名の顧客を担当し、平均何キロ痩せさせてきたのかという数値データも確認します。

こうして具体的な実績にのみ着眼して、一人のトレーナーに師事することを決めました。ホームページに掲載されている番号に電話をしてアポイントメントを取り、面談していただいた際、「1か月以内に7～8キロ痩せて、モデルのような身体にしたい」と依頼したところ、「分かりました」と一言で快諾。提示された金額は1か月16万5000円です。僕はすぐに支払いをして、日本一のパーソナルトレーナーについてもらいました。

この16万5000円を高いと思う人も多いでしょう。でも、僕は実際に1か月で8キロ痩せ、モデルのような身体になりました。100キロの体重が92キロになる8キロ減と違い、63キロが55キロになる8キロ減が凄まじい結果であることに異論の余地はありませんよね。それをたった1か月で成し遂げることができたのは、一にも二にも超一流のパーソナルトレーナーの先生の教えを素直に聞いて、そのまま実行したからです。

その間もちろん食事制限はありましたが、絶食は一度もしていません。1週間のうち3日間は腹7分目～8分目まで普通に食べてOK。運動は週に2～3日で、1日あたり30分程度。精神的にも肉体的にもぜんぜん楽なものでしたが、それでもこれほどまでの成果が出る。超一流のノウハウはハンパないのです。

僕は望みどおり1か月で8キロ痩せただけでなく、太ることが一生怖くないという心の余裕を手に入れました。だって、実際に僕自身が1か月で8キロ痩せたプログラムが手元にありますから、太ればまた同じようにやればいいだけ。もういつでも1か月で8キロ痩せられるのです。そう思うと16万5000円がいかに安いか分かりますよね。

テレビショッピングなどで数千円のダイエット器具を買ってやってみても成果が出ない、数万円のダイエットDVDを買っても途中で挫折する……ということを繰り返している人が日本中にどれだけいることか。トータルするといくらくらいの金額を浪費し、貴重な時間を無駄にしているか、早く気づいたほうがいいですね。

さて、このダイエットを行なっている最中に、「今日の昼食は肉か魚を100グラムだけ食べなさい」と先生から指示された日がありました。

僕は馴染みのレストランに行って、焼き鳥3本だけ注文します。すると、出てきた焼き鳥の下に1枚のレタスが敷いてありました。肉100グラムしか食べられない時に目にする1枚のレタスは普段以上においしそうに見えます。

素人考えでは「レタス1枚くらい食べても別にダイエットに影響しないだろう」と思い、

食べてしまいそうになるところ。でも、僕はこの１枚のレタスさえ絶対に食べませんでした。なぜなら超一流の先生が「今日の昼食は肉か魚１００グラムだけ」と言っているからです。もしかしたら、１枚のレタスがダイエットに致命傷になるかもしれません。だから僕は先生の教えを忠実に守ると同時に、自分の勝手な考えで指示されていないことをするような愚かな行為は一切しませんでした。

このレタス１枚さえ食べないというほどのレベルで、超一流の先生の言うことを素直に聞いて、そのままやるのです。

そう聞くと、「確かにそこまではできてなかった」と思う人がほとんどでしょう。でも、凄まじい結果を出す人は、これほどまでのレベルで愚直に超一流の師の教えに従い、言われたことをそのままやっている。

逆に言うと、だからこそ結果を出すことができるのです。

超一流から学ぶこと、その師の教えを素直に聞くこと、それをそのまま実行すること。この３つを遵守すれば、誰であろうと確実に「学び」を「成果」に変えることができます。今この瞬間から実践してください。

第2章

お金を稼げる「環境」

お金を稼ぎたいなら「稼げる環境」に変えろ！

「学び方」について学んでもらったところで、具体的にお金を稼ぐ手法の解説に入る前に、お金を稼げる「環境」について確認していきます。

お金を稼ぐには「環境」が殊のほか重要です。「環境」さえ整えることができれば、もはやお金を稼げたのも同然と言っても過言ではありません。

もちろん、お金持ちの両親を選んで生まれることは誰にもできません。しかし、物心がついた後であれば、どんな「環境」に身を置いて生きていくのかということを自分自身で選ぶことができます。

それでは、お金を稼ぐには、どのような「環境」を選べばいいのか？

また、どうやってその「環境」を手に入れればいいのか？

お金を稼げる「環境」の本質を教えます。

今の友人を全部切れ！

自分の年収は身近な10人の平均年収を越えられない

僕の会社では全社員に入社時に出している条件があります。「今の友人を全部切れ！」ということです。最初にこの話をすると「この人ヒドい。頭イカれてるんじゃないの？」と誰もが思います。しかし入社して2～3週間経つと全社員が納得するのです。

お金を稼ぐことはもちろん、どんな夢を叶えるにしても、「環境」は命です。

僕の元で働きたいという人は、例外なく全員が現状に満たされない思いがあり、そこから脱却したくてやってきます。今の時点で叶わない夢があるのなら、身の回りの人を全部変える必要がある。だからこそ、この条件を入社条件に課しています。

ここでひとつワークをやってみましょうか。

自分のもっとも身近な10人の名前を書き出してください。

次にその人たちの年収を横に書きましょう。

最後にその10人の平均年収を算出してください。全員の年収を全部足して10で割るだけの簡単な計算です。

自分の年収は身近な10人の平均年収を越えられないと言われています。

なぜなら、同じ層の人は同じように考えて、同じように行動するからです。

例えば、年収200万円の人は月末になってお金がなくなってくると、いかにして1時間余分に働いて1000円多く稼ぐかを考える。だからアルバイトを増やすとか、残業するという行動に出ます。

でも、年収1億円を超える人たちは端から考えることが違います。1時間余分に働いて1000円多く稼ぐことを考えて、どうやったら年収1億円に届くのですか？　できるわけがありません。年収1億円以上の人たちは、いかにして2週間で3000万円稼ぐかを考える。あるいは、いかにして1つのプロジェクトで、3か月で5億円売り上げるかを考えます。そういう人たちが、1時間余分に残業したり、バイトを増やすという馬鹿げたことをするわけがありません。

根本的に考えていることが違うから、行動がまったく違うのです。

ドリームキラーはすぐ隣にいる

僕の秘書が入社して間もない頃、「20代の独身のうちに、いつかタワーマンションに住むのが夢なんです」と言いました。

それを聞いた僕は「バカかお前は。いつか住みたいなんて言ってたら、一生住めるわけがない。タワーマンションに住むなんて簡単だよ。今すぐ不動産屋に行って、契約書にサインして来い。契約するまで戻ってくるな！」と追い出しました。

数日後、「不動産屋を巡って、部屋をどれにするか決めました」と秘書から電話がありました。都内の超一等地にある、名前を聞けば誰でも知ってるタワーマンションでした。

1LDKで家賃は30万円くらいです。

「でも、ひとつ問題があって…」と秘書は続けます。

去年の収入が少なくて、入居審査に落ちるどころか、受け付けてさえもらえないのです。ちなみに彼女は「週7日365日暇なモデルです。ぜひ働かせてください」と言って僕の会社で働き始めたのですが、入社した翌日、預金通帳には735円しか残高がなく、3万8000円のクレジットカードの支払いさえできないという状態でした。そりゃあ高級マンションの入居審査に落ちるでしょう。

「会社名で借りてやるよ。そうすれば審査に通るから。そのかわり家賃手当は1円も出さないから全額自分で払え」と法人契約することにしました。こうして秘書は夢だったタワーマンションに住みはじめたのです。

秘書が夢の部屋に引っ越した翌朝、彼女に電話してみました。「夢が実現した気分はどう？」と聞くと、「朝起きてカーテンを開けた時、目の前に広がる景色を見て、これは夢じゃないんだ…と感動しました」と答えます。

夢が叶うって最高ですよね。でも、ひとつだけ大きな問題が残っています。月末までに30万円作らなければ、手に入れた夢を手放さなきゃいけなくなるのです。

この日を境に秘書は大きく変わりました。

それまでは僕から指示されたことだけをやっていたのですが、「うちの会社でこういうプロジェクトをやりませんか？　私がプロジェクトリーダーとして責任を持って動かしていきますので、利益の20％を給与に反映させてください」と言ってきたのです。

さらには、自分の持っている資産とその活用について考えはじめました。

ある時、「私が住んでるタワーマンションに50名入る会議室があるんです。社長が毎週やってる会員向けセミナーですが、普段使っているセミナールームだと1時間1万円近くします。でも、うちの会議室なら1時間1000円です。場所もいいし、そこを定期的に使いませんか？　会社の経費節約になりますよね。そして差額の30％でいいので私の給与に足してください」と提案してくるのです。

また、彼女はタワーマンションの最上階ラウンジにも目をつけ、そこでパーティーを開催すると言いはじめました。15歳からモデルをやってきた彼女にはモデルの仲間がたくさんいます。この人脈も「資産」だと気づいたのです。都内一等地の高層タワーマンション最上階ラウンジで、モデルが集まって手料理をふるまうパーティー。会費1万円でも参加したい男性はいくらでもいます。そこに50人集めれば、会費収入が50万円。手伝ってもらうモデル仲間への謝礼と会場使用量や食材費で15万円使っても35万円残ります。この瞬間に、1か月分の家賃が払えるどころか、お小遣いまで得られるのです。

彼女は会社で立て替えたタワーマンションの初期費用を1か月後には返済し、その後もずっとタワーマンションに住み続けました。現在は僕に同行して海外赴任し、マニラの超一等地の最高級マンションに住んでいます。

こうして、いとも簡単に夢を叶えた僕の秘書ですが、タワーマンションに住むことを学生時代の友人たちに話したところ、「家賃なんて捨てるお金」「給料の3分の1以内の家賃にしないと生活できなくなる」というふうに、一人の例外もなく全員から反対されたそうです。両親さえも「まさかうちより高いところに住むわけじゃないでしょうね」と猛反対。

その一方で、先輩社員や僕のビジネスパートナーたちは、「いつかなんて言ってて住めるわけないじゃん」「さっさと借りちゃえばいいのよ」と、一人の例外もなく全員賛成。

とにかく、**同じ層の人は全員が同じように考えて、同じように行動するのです。**こうして身近な人であればあるほど、彼ら自身さえ気づかないうちに夢を壊す人、つまりドリームキラーになってしまいます。身近な友人全員から反対されると、よほど強い意志がない限り、人間は流されてしまうもの。だからこそ、現状を打破し、もっと上のステージに上がりたいのであれば、今あなたの身の回りにいる友人を全員切らなければならないのです。

その後、僕の秘書は学生時代の友人の集まりにほとんど行かなくなりました。話がまったく合わなくなったそうです。そりゃそうですよね。片や、僕のビジネスパートナーや社員たちと一緒に過ごすなかで、毎日のように数千万円、数億円単位のお金の話をして、タワーマンションに住み、会社からの給与だけでなく、ネットマーケティングを駆使して副業で月に数十万円の利益を出し、コンサル生にその技術を教えてコンサルフィーでさらに何十万円も稼いでいる人。片や、月末になって財布に５０００円しかなくて、居酒屋でお金を気にしながら料理を注文したり、上司のことを罵り合って憂さ晴らしをする人たち。話が合うわけがありません。

こうして、僕の会社の社員たちは「今の友人を全部切れ！」と言われたことの意味を全員が２～３週間で理解していくのです。

ここでくれぐれも言っておきますが、僕の秘書の学生時代の友人たちやご両親はけっして彼女を貶めるつもりでアドバイスしているわけではありません。「親切心」から親身になってアドバイスしているのです。だから、恨んだりするのは筋違いですよ。その学生時代の友人たちにも一年に一度くらいは会って、昔話に花を咲かせるくらいはすればいい。言うまでもなく、両親は生涯に渡って敬い、大切にしてください。

ただし、第1章でも言及したとおり、**「身近だから」というだけの理由で、結果を出していない人たちの言うことを聞くのは間違いです。**

「家賃なんて捨てるもの」と考えるから、その人たちは自分が望むような家に住めません。

しかも結果的に、家賃5万円のアパートに住んでいる人の5万円は「消費」としての捨て金に、僕の秘書の家賃30万円は「投資」としてお金を生み出す生きたお金になっているのです。

「どう考えても前者のほうが捨てるお金なのに…」と思わずにはいられません。

このような「消費」か「投資」かという「お金の使い方」に関する意識はものすごく重要です。このことに関しては第7章で詳しく解説します。

人生はストックであるという意識

自分自身が成長していれば、周囲にいる人は変わって当たり前です。逆に言うと、周囲が変わらないのであれば、自分が成長していない証拠だと肝に銘じておいてください。

例えば、中小企業に入社したばかりの新卒社員の周囲にいる人たちと、上場企業の部長の周囲にいる人たちが同じわけがありません。また、上場企業の部長の周囲にいる人たちと、ナショナルブランドと言われるようなトヨタ自動車や全日空などの社長の周囲にいる人たちもまた同じわけがありません。

自分自身が成長すれば、周囲にいる人たちは変わるのが当然です。もちろん、新入社員の頃の仲間全員が同じように切磋琢磨し、同じように成長を遂げ、みんなで一緒に社会的

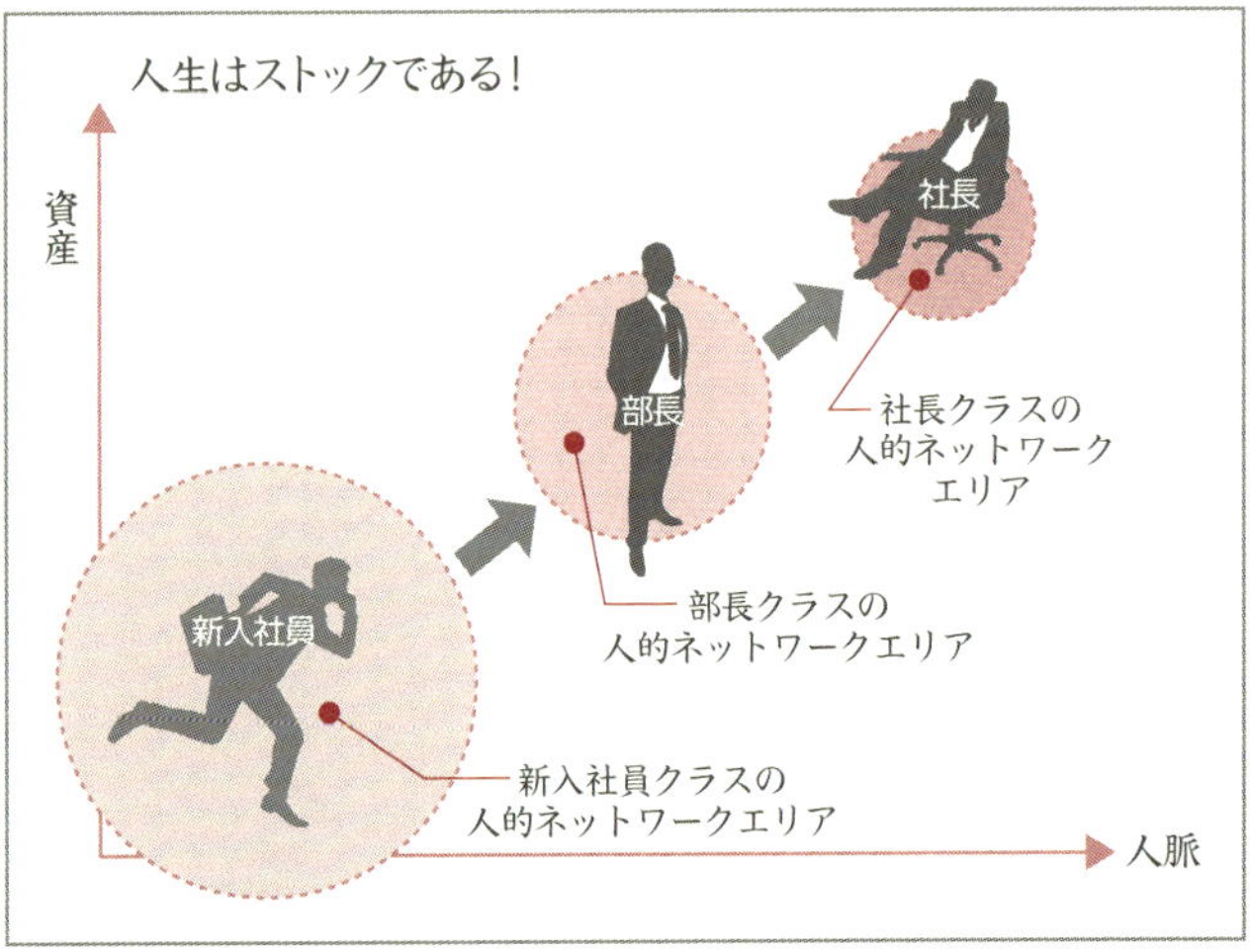

に上り詰めていくのであれば、周囲にいる人がずっと変わらないこともありえなくはないですが、可能性としてはゼロに近いですよね。自分自身が成長すれば、今の友だちとは話が合わなくなり、一緒には過ごせなくなるものです。逆に言うと、周囲にいる人が変わっていないということは、自分自身に成長がまったくない証拠といっても過言ではありません。

人生はストックであるという意識が重要です。具体的に言うと、例えば今から3年間生きれば、収入は増えて当たり前です。資産も増えて当たり前だし、人脈も増えて当たり前。人脈の質だってよくなって当たり前です。自分自身が望むなら、着る物はよくなって当たり前だし、食べる物も住む場所もよくなって当たり前。だって、３年間生きてるんですよ。資産も人脈もストックされて、増えていかなきゃおかしいですよね。だって３年間生きて、人間として活動しているわけですから。

３年前から収入も変わらず、資産も増えず、人脈も変わっていないのであれば、成長がまったくありません。３年間、ただ呼吸をして、食事をして、日々過ごしているだけ。動物とまったく同じです。

「こんなふうに考えられるようになった自分は成長してきたなぁ」なんて甘いことを言う人がたまにいますが、「成長」はそんなぼんやりと意識されるものではありません。そんなふうに曖昧なのであれば、成長してないと言っても過言ではないのです。「成長」は収入が増え、資産が増え、人脈の質が変わり――というふうに、はっきりと目に見えて分かるものですから。


あなたの収入は３年前より増えましたか？

資産は増えましたか？

人脈は変わりましたか？


こういうことを常に意識しておくことが、「成長」を自分自身で測るバロメーターになるのです。

億万長者と友だちになれ！

さてここで、億万長者になる最短距離を教えます。

ものすごく簡単ですよ。

億万長者と友だちになることです。

「えっ？」と思う方も多いでしょうが、実際に結果を出している人からすると、こんなの常識ですよ。

大切なポイントなのでもう一度言います。

億万長者になる最短距離は億万長者と友だちになることです。

同じように、ベストセラー作家になる最短距離はベストセラー作家と友だちになること。

芸能人になる最短距離は芸能人と友だちになることです。

冷静に考えてみてください。

例えば、あなたがベストセラー作家になりたいとして、どうやって本を出版するか知ってますか？

出版社に企画書を送るんですか？

残念ながら読んでもらえませんよ。

原稿を書いて出版社に送るんですか？

根本的に間違ってます。

編集者に直接アプローチするのですか？

どこでどうやって編集者と知り合うのでしょう。ちなみに、大手の出版社ならどこでもいいというものでもないですよ。本のジャンルによって強い出版社とそうじゃない出版社があるとご存知ですか？

さらに言うと、多くの出版社には、この人が担当すると売れるというエース編集者がいるとご存知ですか？

その人の名前と連絡先を知ってますか？

知ってるわけないですよね。

さあ、そんな状態で、どうやってベストセラー作家になるのでしょう？　そもそも本の出版さえ叶いませんよ。

ちなみに、僕は著書55冊・累計350万部以上で、日本を代表するベストセラー作家の一人と言われています。そんな僕と友だちになったとしましょう。友だちから本を出したいと相談されたら、もちろん話を聞きますよ。そして、その本にあった出版社のエース編集者に直接電話します。ベストセラー作家の僕から言われると、当然、編集者は会いに来ますよね。そこで、本のタイトルはもちろん、構成やプロモーション計画を僕が一緒に考えるとすればどうでしょう。間違いなく本は出版されますよ。そして全国の書店はもちろん、Amazonなどのネット書店でもランキング1位を取れます。だって、本の売り方を知り尽くしてますから。瞬く間にベストセラー作家の仲間入りです。

実際、前出の僕の秘書は「15歳でモデルの仕事を始めて以来、紙の写真集を出すのが夢。でも、そんなの夢のまた夢で、話が出ることさえなく…」と語っていました。やはり彼女が入社直後のことです。その話を聞いた1週間後が彼女の誕生日だったので、「入社1年目の誕生日プレゼントとして、写真集の出版を実現してあげる」と言いました。秘書は狐につままれたような顔をしていましたが、僕はおもむろにカドカワの編集者に電話をして「僕の新しい秘書がモデルをやってて、写真集を出したいので時間を作ってください」とお願いしました。「有名な方ですか？」と聞かれたので、「無名です」と答えると、編集者もさすがに「うーん、それはちょっと…」という感じでした。

後日、その編集者に秘書を引き合わせた際、「最近、カドカワで出した写真集はどなたの写真集で、何部売れましたか？」と尋ねたところ、編集者は「映画とタイアップした桐谷美玲さんの写真集です」と答え、実売部数も教えてくださいました。桐谷美玲さんと言えば、日本でもトップクラスの人気モデル・女優の一人ですよね。

「その2～3倍確実に売れるなら写真集出してもらえますか？」と聞くと、「そんなに売れるのなら断る理由はありません」との答え。そこで、僕はこういうふうにすれば売れるというプロモーションプランを披露したところ、「ぜひお願いします。編集会議で上を説得します」と言って、編集者は帰って行きました。

翌年、写真集『生きてる。ありがとう！』（鎌田緑著、角川学芸出版）は刊行され、AKB48さんの写真集を抑えてAmazon写真集部門1位、Amazon総合ランキングでも2位を獲得。さらには紀伊國屋書店のデイリーランキングでも1位、ブックファーストのデイリーランキングでも1位、有隣堂書店のデイリーランキングでも1位、そして、紀伊國屋書店の全店総合週間ランキングでも7位を獲得しました。

もうひとつタイムリーな事例をあげると、まさに本書の企画を打ち合わせている場に同行した僕の第二秘書がその数日前からSNSにキャラご飯の投稿をしていました。そのクオリティが非常に高かったので、キャラ弁の本はすでにたくさんあるものの、内容の切り口とプロモーション次第で売れると思い、評言社の社長に話したところ、刊行されることが即決されました。

本を出したいと思っている人は世の中にごまんといますし、実際に本を出したもののまったく売れずに2冊目が出ないという作家も山ほどいます。それがどうでしょう、ベストセラー作家である僕の近くにいるだけで、本の出版が即決され、各種チャートでも軒並み1位を獲得できるのです。

別に僕自身の力を自慢したいわけではありません。僕じゃなくても、何冊もベストセラーを出している作家であれば同じことができます。なぜなら、ベストセラー作家は本の出し方、売り方を知っているからです。だからこそ、ベストセラー作家になっているのです。

お金を稼ぎたい！　億万長者になりたい！　と思うのであれば、まずやるべきことは億万長者と友だちになること。億万長者はお金を稼ぐ方法を熟知しています。もちろん、そのための人脈もすでに構築されています。億万長者になる方法を知らないあなた自身が暗中模索するより、その人に聞いたほうが早いですよ。

あなたが実現したいことを先に実現している人は、その方法を知っているし、そのために必要なリソースもすでに持っているということ。

つまり、その人と友だちになれば一気に実現に近づくのです。

超一流と友だちになる方法

自分が到達したいレベルのコミュニティに入り込む

「億万長者になるには、億万長者と友だちになるのが最短距離だというのは分かった。でも、どうやったら友だちになれるのか？　自分の周りにはそんな人はいないし…」

きっとそんなふうに思っていることでしょう。

まず最初に、絶対にやってはいけないことを教えます。それは、自分自身が頑張って地道にステップアップして、億万長者と同じレベルに立ってから仲間入りしようとすることです。これはいちばん遠回り、究極のいばらの道です。だって、「実現していない人にはその方法が分かるわけがない、だから先に億万長者と友だちになれ」と言ってるわけですよね。自分の力でそこまで達することができるのですか？　それにどのくらい時間をかけるつもりですか？

例えば、中小企業の新入社員がソフトバンクの孫正義さんにアポイントメントを取るとします。残念ながら、会えないでしょうね。会ってくれるわけがありません。しかし、全日空の社長が孫正義さんにアポイントメントを取るとします。これは確実に会えるでしょう。つまり、全日空の社長になれば孫正義さんに会えます。自力で全日空の社長になってみてください。なれますか？　どれだけ時間がかかるんですか？　20年ですか？　30年ですか？　それで実際になれるんですか？

自分の力でステップアップして、同じレベルにたどり着いてから、仲間に入ろうとすることがいかにナンセンスかお分かりいただけましたね。ここをほとんどの日本人が間違えているのです。自分が到達したいレベルに到達してから、その人たちのコミュニティに入るのではなく、自分のレベルが圧倒的に下の段階から、**自分が到達したいレベルの人たちのコミュニティに何としてでも入るのです。**

自分の時間・金・労力を先行投資する

「そんなこと言ったって、自分なんて億万長者が相手してくれるはずがない」と思ってますよね。億万長者と友だちになるのは、さほど難しくないですよ。一言で言うと、いかに自分の時間とお金と労力を先行投資するか。これに尽きます。

僕の友人の蝶乃舞さんはインターネットビジネスの女王と呼ばれ、もう何年も継続して年収3億円以上を稼いでいます。個人として日本でもっとも稼いでいる女性の一人と言っても過言ではなく、現在は都内の一等地に720平米もある18億円のマンションを別荘にして、シンガポールに移住なさっています。

彼女はもともと予備校の数学講師でしたが、身体がさほど強くないことから、一日中立ち仕事になる講師の仕事を辞め、プログラマーとして年収2000万円ほど稼いでいました。生活するには十分な稼ぎですが、大きな悲劇が彼女の家族を襲います。双子の娘の一人に先天的な心臓病が見つかり、手術が必要になりました。手術費用は1億円。しかも、一度だけではなく、何度も手術を行う必要があるかもしれないというのです。

年収2000万円ではとても足りないため、蝶乃さんはプログラマーを辞め、1億円を何度でも稼げるような仕事を探しました。そこで巡り合ったのがインターネットビジネスだったのです。そこで情報収集をするため様々なメールマガジンに登録したものの、返信不可のメルマガに私信を返しては、届くはずのない返事を待つ始末。返信不可のメルマガに私信を送ったところで、そもそも蝶乃さんのメールが相手に届かないのですから、返事が来るわけがありません。文字どおり、ゼロからのスタートです。

蝶乃さんは独学でやるには限界があるとすぐに気づき、業界の超一流の人たちから教えを乞おうと決めました。業界トップの人たちの講演会やセミナーに出たものの、先生たちからすれば大多数の参加者の1人に過ぎず、教えを乞うどころか名前を覚えてさえもらえません。

そこで、彼女はその先生たちが数十万円という高額で販売している情報商材を購入し、安いセミナーでは語ってもらえないノウハウを学ぶことにしました。

しかし、子どもの治療費ですでに預金を使っていた彼女にはお金がまったくありません。そこで売れるものはすべて売ると決意。それこそ手持ちのブランド品や洋服から家中のありとあらゆる家具にいたるまでヤフーオークションで売って360万円を作りました。そしてそのお金でトータル260万円分の情報商材を購入して学びます。さらには学んだノウハウを使って稼いだお金で先生たちの最高峰の塾にいくつも入塾しました。塾代の総額は400万円だったそうです。

何十人何百人と参加している講演会の参加者では、その他大勢の一人でしたが、数十万円から、なかには100万円を超えるような、最高峰の塾に入った塾生は先生たちにとっても「特別な弟子」になります。業界の超一流との強固なコネクションを作った蝶乃さんは、学びを活かして独自の教材を製作販売。その際、業界のトップの方々がこぞって蝶乃さんの推薦文を書きました。「特別な弟子」がやることを応援するのは師匠の責任でもあります。自分自身がまだ凄くなくても、凄い人から「この人は凄い！」と言われれば、凄い人になります。

こうして一躍スターダムへと駆け上がった蝶乃さんはインターネットビジネスの女王の称号を欲しいままにし、日本一稼ぐ女性の一人になったのです。巨額の資金を継続的に得るようになったことで、子どもの心臓病も無事に治療が進み、今では元気に駆け回っています。

このように、**時間とお金と労力を先行投資することで、自分が入りたいコミュニティの**

一員に簡単になれるのです。お金はコミュニティに入る手っ取り早い最強の手段になります。

自分が〝ギブする〟ことを徹底する

しかし、そもそもお金がないし、蝶乃さんのように売るものもないという状態の方もいるでしょう。その場合は、自分が親しくなりたいと思う人のために頭と時間と労力をフルに使うのです。明らかに立場が上の人が相手であればあるほど、まずは自分が〝ギブする〟ことを徹底してください。権力もお金も相手の方が圧倒的にあると見るや、何とかしてその権力を利用しようとしたり、お金を自分の方に引っ張ろうと考える浅はかなバカの多いこと多いこと。どんな業界でも頂点に君臨するような人たちはみんな百戦錬磨です。見え透いた下心くらい簡単に見抜かれます。超一流の人たちがそんな輩に心を開くわけもなければ、応援するわけもありません。

とにかく、相手が喜ぶことを自分からギブする。これが基本です。

僕の友人に内田雅章さんという人脈王がいます。40歳になるかならないかという年齢でシャープの顧問に就任したほどの強者です。上場企業の大社長もたくさん含む社長500人以上に即アポが取れるほどの人脈を持つ内田さんの信念は「貸しを作ることでコネクションを広げる」。要は、自分が相手に先にギブすることで、相手からの信頼を得るということ。

内田さんが主催したあるパーティーに誰もが知る芸能人が参加していました。内田さんはおもむろにその方のところに挨拶に行き、「あなたのために何をすれば、喜んでいただけますか?」とストレートに聞くのです。他の方が「サインください」とか「写真撮らせてください」と言ってるなかで、内田さんのアプローチは明らかに他の方とは一線を画し、スッと相手の心に入り込むものでした。

「面白いことを言う奴がいる」という様子で心を開いたその方は、「2週間後に公演があるから、そこにたくさん人を連れてきてくれれば嬉しいです」と答えました。

内田さんはすぐにその場で、「2週間後にこの方の公演があります。皆さん一緒に行きましょう。ご友人にもお声がけください。私が今からチケットの取りまとめをいたしますので、ここにお並びください」とパーティー参加者に呼びかけます。さらにはおもむろにご本人に耳打ちして「いまチケットをお買い求めいただくと、サインにも写真撮影にも応じてくださるとのことです」と続けました。

パーティー参加者は一斉に内田さんのところに並びます。内田さんがよく知ってる人の順番では「まさか1枚じゃないでしょうね?」とか「社員全員でいらっしゃいますよね。20枚で足りますか?」などと複数枚購入をタレント本人の眼前で促していきます。

電光石火の出来事でした。その後、内田さんが主催する会合でその芸能人の方を頻繁に見るようになったことは言うまでもありません。

お金に対するメンタルブロックを外せ！

各業界の超一流や億万長者と親しくなるメリットは、具体的な手法を身近で学べたり、人脈を共有できるということだけではありません。お金に対するメンタルブロックが外れるのです。

日本では「お金は汚いもの」「お金の話を他人にするのははしたない」「自分が得をすれば誰かが損をする」というように、まるで「お金を稼ぐのは悪いこと」のように教育されています。

ここで質問です。

あなたはお金が好きですか？

「この質問にイエスと答えてはいけない」という意識の日本人が本当に多いことに驚かされます。そしてよくある答えが「お金は必要だけど、それがすべてではない」とか「お金は生活の手段であって、好きとか嫌いとかの対象ではない」とか「まったく不要とは言わないけど、生きていくのに必要なだけあればいい」というもの。

暴言を吐きます。

だからお前はバカなんだ！　取り繕ったこと言ってんじゃやねぇ！

「今からあなたに１００万円あげます」と言って、目の前に１００万円の束を置いたとします。あなたは受け取らないんですか？

もちろん、世の中には「お金なんていらない」と無償の愛に満ちた聖人君子は存在します。でも、聖人君子が『バカとブスこそ金稼げ！』というタイトルの本を手に取るわけがありません。

本書に興味を抱いた読者であれば、１０００人中１０００人が受け取るはずです。

お金好きですよね？

お金欲しいんですよね？

堂々と「イエス」と答えてください。

お金は汚いものではありません。
お金を稼ぐことは悪ではなく、むしろ世のため人のためです。

「あなたはお金が好きですか？」という質問に、億万長者は全員が「イエス」と即答します。億万長者はお金が大好きです。もちろん、お金を稼ぐことが悪いだなんて微塵も思っていません。なぜなら、お金は世の中に「価値」を提供する人のところに集まってくるからです。

どういう時に自分が財布を開いてお金を支払うかを考えてみてください。例えば、汚くてボロボロで臭い古着が10円で売られているとします。いくら値段が10円でも、絶対にそれを買いませんよね。その一方で、高級ブランドの服やバッグなら50万円でも買う人がたくさんいます。なぜなら、人は自分が「価値ある」と感じるものにお金を支払うからです。

お金というのは「価値」の対価です。世の中には他人の作った「価値」を消費するだけの人と、自分で「価値」を作り出せる人がいます。だからこそ、「価値」を世の中に提供できる人のところにお金が集まるのです。

つまり、お金を稼ぐということは、どれだけの「価値」を世の中に提供したかというバロメーター。稼いだ金額はあなたが世に提供した「価値」の総量ということです。

お金を稼ぐこと＝世の中に「価値」を生み出し、提供すること。

そう考えると、お金を稼ぐことこそが善。お金を稼がないのは悪とまでは言いませんが、怠惰に生きてるだけ。

胸を張って堂々とお金を稼いでください。

また、誰かが稼げば誰かが損するという考えも日本には根強く残っていますが、これも完全なる間違い。

例えば、世界にA君とB君の二人しかいないと仮定します。そして1万円札が1枚だけあるとします。この時点では、世界の富の総額はたったの1万円です。

この1万円札をA君が持っているとします。それがどうしても欲しいB君はA君のために家を作ってあげて、A君に1万円で売ってあげました。これにより、1万円の持ち主はB君になりました。A君の手から1万円札はなくなりましたが、その代わりに家が残りました。この時点で、世界の富の総額は1万円札＋1万円相当の家で2万円ということになります。

その後、A君はまた1万円札が欲しいと思い、B君のために家を作ってあげて、それをB君に1万円で売ってあげました。その結果、A君は1万円札と1万円相当の家の持ち主となりました。B君の手から1万円札はなくなりましたが、その代わりに1万円相当の家が残りました。この時点で、世界の富の総額は1万円札＋1万円相当の家が2軒で3万円ということになります。

こうしてA君とB君の間を1万円札が行ったり来たりするごとに、A君とB君の手元には価値あるものがどんどん増えていく。つまり、世界の富の総額は増えていくのです。

このように「価値」を作り出すことを誰もが常に考え、その「価値」を流通させれば、みんながお金持ちになれるということ。実際に、世界の富は増え続けています。誰かが稼げば誰かが損するという考え自体、経済学的にまったく根拠のない迷信です。そんなものに囚われること自体がバカ。

お金を稼ぐことは世の中に「価値」を生み出すのだからいいことだし、自分が稼いだからといって誰かが損するなんてことはありません。お金が稼げないのは誰かの犠牲になっているからではなく、その人自身が怠惰で「価値」を生み出さないからです。

先ほどの例で、A君が1万円札と1万円相当の家を持ち、B君が1万円相当の家を持った段階で、B君が新しい「価値」を作り出してA君に提供すれば、B君の手元にまた1万円が戻ってきます。でも、B君がそれをしないで、逆にA君がB君のために車を作ったとすれば、B君は家を担保に借金をして車を買わなければならなくなります。結果的に、B

君はマイナスのスパイラルに入り、どんどん稼げなくなっていくというだけのこと。お金を稼げないのは誰かに富を奪い取られているからではなく、完全なる自業自得なのです。

お金を稼ぐ人たちは誰もがこのように考えています。だからこそ、「お金大好き！」「お金稼ぐの最高！」と声高に叫ぶのです。そして、そういう人たちとだけ一緒に過ごすようにすれば、自然とお金を稼ぐことに対するメンタルブロックが外れていきます。

お金を稼ぐことに躊躇しているようではお金を稼げるわけがありません。下手な営業マンは売ることにどこか罪悪感があるから押しが弱い。その点、優れた営業マンは「こんなに価値あるものを提供してもらえて幸せでしょ」と考えるので、売ることに躊躇がない。だからどんどん売れるのです。

お金に対するメンタルブロックは今すぐ外しましょう。その方法は簡単ですよ。

お金に対するメンタルブロックのない人とだけ一緒に過ごせばいいのです。

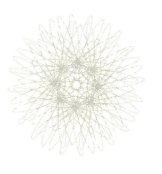

第3章

お金を稼げる「思考」

お金を稼げる人は根本的に「思考法」が違う！

「学び方」「環境」に続いて、次は「思考」です。

お金を稼げる人と、お金を稼げない人は根本的に「思考」が違います。

「どうして自分の収入は増えていかないのに、あの人の収入は異次元の増え方をするのか？」

「どうして自分は何年も会社で働いてきて生活が楽にならないのに、あの人はあんなに若くしていい暮らしをしているのか？」

そんなふうに思ったことはありませんか？

答えは、ビジネスや会社に対する「思考」が根本的に違うからです。

また、稼ぎ方のスタイルも根本的に違います。

お金を稼げる人がビジネスをどのように捉え、そこからどのように「思考」を発展させ、どういうスタイルで稼いでいるから、収入が際限なく増えていくのかということを教えていきます。

ビジネスとは？

お金を稼ぐ方法は大きく分けて「ビジネス」と「投資」しかありません。

「投資」とはお金にお金を生み出させることですから、手持ち金（元本）が大きいに越したことはない。つまり順番としては、まずビジネスをやってお金を作り、そこで得た資金を元手に投資を始めるというのが王道です。

そして、徐々にビジネスと投資を両輪で回していき、次第に投資による不労所得でお金の心配がまったくない状態を作っていくというのが億万長者の典型的な型。その後は利益度外視で好きなことや人生のミッションを思う存分をやっていく人、定住地を持たないパーマネントトラベラーとして世界を旅する人、完全にリタイアして家族と過ごす人、生涯現役としてビジネスで利益を追い続けるという人など様々なパターンがあります。

いずれにせよ、誰であろうとまずは「ビジネス」でお金を稼がなければなりません。

では、「ビジネス」とはいったい何でしょう？

この質問にどのように答えますか？

僕の答えは単純明快。

「ビジネス」とは何かを売ってお金をもらうこと。

これが僕の答えです。

「ビジネス」を複雑に考えるから、なかなか手が出なくなる。「ビジネス」なんて「何かを売ってお金をもらう」というだけの、きわめてシンプルな営みです。

例えば、前出の蝶乃舞さんの双子の娘の一人はゲームが好きで、その知識を活かして入手しづらいゲームを多めに仕入れて、インターネットで販売することで、1か月あたり100万円の売り上げがあるそうです。ちなみに彼女は現在中学生ですが、小学4年生の10歳の時点ですでに月商100万円をクリアしていました。彼女がやっているのは「何かを売ってお金をもらう」ということですよね。

やはり前出の僕の秘書はモデルという職業柄、オシャレには敏感ですし、家にはたくさんの洋服があるそうです。それをＬＩＮＥモールやメルカリという通販サイトで売るだけで、１か月30万円前後稼いでいます。モデルが着た服だから売れると思うかもしれませんが、彼女は販売ページに顔も名前も出していません。写真の撮り方や商品の紹介文が秀逸なのです。

また、渋谷や原宿の洋服屋で安く仕入れて出品することも行なっています。東京在住の人はなかなか気づかないでしょうが、地方の人にとっては「東京の服」というだけで価値があるのです。僕の母は香川から東京に遊びに来るたびに、近所のスーパーで洋服を買って帰っては「東京で買った服」と友人に自慢げに話している様子。地方在住者にとって「東京で売ってる服」はある意味ブランドなのです。それをスマホで手軽に購入できるとなると、顧客が見えますよね。僕の秘書によると２０００円で買った服が８０００円で売れることもあるそうです。

また、僕の友人がｉＰｈｏｎｅ6の発売時に日本でＳＩＭフリーのｉＰｈｏｎｅ6を20台購入しました。価格は1台あたり8万円前後です。そして、ｉＰｈｏｎｅ6発売直後に品薄で入手できない時期が約1か月ありました。日本でさえ入手困難な時期には、東南アジアの国々ではもっと入手困難です。しかし、いち早くｉＰｈｏｎｅの新作を入手したい富裕層は各国にたくさんいます。

僕の友人は購入したiPhone6をフィリピンで売ったところ、1台あたり約20万円で売れたそうです。8万円で買ったものを20万円で売れば1台あたり12万円の利益ですので、20台で240万円の利益。貧困層の年収相当の金額をiPhone6を20台売るだけで稼いだのです。要した期間は1週間くらいでしょうか。

ビジネスとは「何かを売ってお金をもらうこと」ですから、これらはすべて立派なビジネスです。

ここで紹介した三者はそれぞれ確かに目の付けどころが見事ですが、ビジネスはそんなに難しいことでしょうか？　人気のゲームを、不要な洋服を、iPhone6を売ってるだけですよね。小学校4年生にだってできることなのです。

複製可能なものを売れ！

このように、ビジネスは何かを売ってお金をもらうだけのシンプルな営みです。考えなければならないのは、「何を売るか？」「誰に売るか？」「どうやって売るか？」の3つだけ。なかでも最初に考えなければならないのは、**「何を売るか？」**です。

ここで絶対に売ってはいけないものがあります。それは有限なもの。つまり、限りあるものです。

例えば、サラリーマンは何を売ってお金をもらっているか分かりますか？

サラリーマンが売っているものは自分の身体と時間です。朝9時から夕方5時までという時間と、自分自身の能力も含めた身体を会社に売って、お金をもらっています。

時間と身体。これらは有限なものの代表格です。時間は誰にとっても1日24時間、1年365日しかありません。身体は誰にとってもひとつだけ。このような有限なものを売ってお金をもらう最大の問題点は、稼ぐ金額の限界が見えているということ。

例えば、自分の時間を8時間売ってお金をもらっている人がもっと稼ぎたいと思って、9時間売り、10時間売り――と売る時間を増やしていくと、それに応じて収入は増えていきます。でも1日は24時間しかありません。不眠不休で時間を売ったところで、24時間売った時点で頭打ち。それ以上、収入は増えません。もちろん専門技術を身につけたり、資格を取得したりすることで、1時間あたりの単価は増えるかもしれませんが、身体がひとつしかない以上、それだって限界が見えています。

このように有限なものを売ってお金をもらうと、収入は頭打ちするのが宿命です。**お金をたくさん稼ぎたいのであれば、無限なもの、言い換えると、複製可能なものを売らなければなりません。**

先ほど挙げた3つの事例は、どれも複製可能なものを売っています。人気のゲームを売ってお金をもらうケースでは、稼ぎを増やしたければ、仕入れるゲームの数を増やすだけ。ゲームを1つ売って3000円稼げるのであれば、10個仕入れて売れば3万円稼げます。100個仕入れて売れば30万円稼げるし、1000個仕入れて売れば300万円稼げます。人気のゲームでたくさん仕入れられないのであれば、ゲームの種類を増やせばいいだけです。利益の程度に差はあるかもしれませんが、人気のゲームは何種類もありますから。

同じように、洋服を売るにせよ、iPhoneを売るにせよ、仕入れの数を増やせば、収入はどんどん増えていきます。

もちろん安く仕入れて高く売るケースだけでなく、自ら製造するケースも同じように複製可能ですね。ボールペンを1本作って売れば100円稼げるのであれば、もっと稼ぎたいなら100本作って売ればいいし、さらに稼ぎたいなら1000本作って売ればいいのです。

もちろん、これらの場合はすべて、先行投資する以上、売れ残って在庫を抱えることになるリスクはあります。そのような在庫リスクを軽減するとすれば、電子コンテンツは大きな選択肢のひとつです。

例えば、セミナーを行うとします。セミナーをするというのは、知識やノウハウを売ってお金をもらうのですが、同時に、時間と身体を売ってお金をもらうという側面があるのは否めません。2時間のセミナーなら、その2時間は自分の時間と身体が拘束されているので、もちろんそのセミナーで別の商品を売って客単価を上げることはできても、基本的にはその場の受講者からいただく費用以上に稼ぐことができないのです。

しかし、そのセミナーを動画撮影すれば、この瞬間に有限なものが無限なものに変わります。動画であれば、2時間のセミナー終了後は自分の時間と身体の拘束もなく、いくらでも複製可能です。セミナー動画をＤＶＤにして販売すると前述の例と同じように在庫リスクが発生しますが、オンライン販売にすると一気にそのリスクは軽減されます。

このように**電子コンテンツは複製可能なうえ、リスクが少ないという点で、「何かを売ってお金をもらう」ための「何か」としては非常に優れた商品になりえます。**

また、コミュニティを売ってお金をもらうというのも在庫リスクを軽減する方法のひとつです。例えば、ワイン好きが集まるコミュニティを主宰し、会員から年会費をいただくというタイプのもの。会員を増やせば増やすだけ収入が増えていきます。そして、会員の増加が伸び悩んできたら、次は日本酒好きが集まるコミュニティを作って、その参加権を売るというふうにしていけばいいですね。

もちろん、そのコミュニティに参加したくたくなるような魅力的なコンセプトや独自性や特典などをしっかり整える必要がありますが、うまくいけばいくらでも複製可能で、在庫リスクもゼロに等しいです。このように、「何かを売ってお金をもらう」際の「何か」というのは、目に見える商品でなくてもかまわないのです。

他にも、「人脈」を売る、「情報」を売る、「ノウハウ」を売る、「環境」を売る、「人材」を売る――など、在庫リスクを抱えることなく複製可能な商品はいくらでもあります。

「目に見える商品」や「費用をかけて作ったり、仕入れたりするもの」ばかりが売るための「何か」ではありません。頭を使えば、複製において生じる在庫リスクを軽減することはいくらでもできるのです。

人生最大にして究極のリスク

　有限なものではなく無限なもの、つまり複製可能なものを売らなければ、収入に限界があると指摘され、サラリーマンや公務員として雇われている人たちはショックを受けているかもしれませんね。でも、僕はサラリーマンや公務員を完全に否定するつもりはありません。

　サラリーマンや公務員のメリットは会社が潰れることとリストラされること以外のリスクがないことです。経営者や自営業者は最終的には必要経費を自己負担しなければなりません。従業員に給与を支払うために自分の貯金を切り崩しているという経営者の声を何度となく聞いたことがあります。その点、従業員であれば、普段の交通費はもちろん、出張時の交通費や宿泊費、取引先の接待費などもすべて会社が負担してくれます。自分の財布からは1円もお金を出す必要がありません。そして、会社の商品をまったく売らなくても、決まった日に給与をもらえます。

「ビジネスとは何かを売ってお金をもらうこと」と言いましたが、何も売らなくてもお金をもらえるのは従業員という立場の人だけ。営業回りに行くと言って会社を出て、公園でゴロゴロしたりパチンコ店で時間を潰したりして、「ぜんぜん売れませんでした」と戻っても、給料日には給与をもらえます。もっとも、何も売らなくてもなぜお金をもらえるかというと、自分の時間と身体を売ってるからだというのはすでに言及したとおりです。

会社が潰れることとリストラされること以外ノーリスクだけど、収入に限りがある従業員がいいか。リスクはあるけれど、収入が無限に増える可能性のある経営者や自営業者がいいか。これに関しては人それぞれとしか言いようがありません。リスクをとってでも収入を増やしたい人は経営者になればいいし、収入が増えないというデメリットがあるとしても、それ以上にリスクを背負いたくないという人は従業員をやればいいのです。

ただし、一つだけ断言しておきます。**収入源がどこかの会社で従業員として得ている給与だけという人は、実は、経営者が抱えているリスクとは比べ物にならないほど大きい、**

人生最大にして究極のリスクを抱えているんですよ。

「会社が潰れることとリストラされること以外ノーリスク」と言いましたが、会社が潰れたり、リストラされたら終わりです。

ちなみに、会社が潰れる可能性は殊のほか高いですよ。日本では創業1年で50％の会社が潰れ、創業3年で70％の会社が潰れ、創業5年で90％の会社が潰れています。つまり、5年以上続く会社は10社中1社だけ。しかも、5年どころか何十年も続いている大企業さえもが次々と潰れていることはご存知のとおり。ナショナルフラッグだった日本航空でさえ会社更生法の適用を受けたことは記憶に新しいですよね。

「いい大学を出て、いい会社に入れば人生安泰」という時代が確かにありました。年功序列で給与は年々上がり、終身雇用で60歳まで雇ってもらえ、退職時には巨額の退職金が支給され、それを郵便局に預けておけば年利8％で増えていくので、その利子と十分に支給される年金で豊かな余生を送れるという時代が存在していたのは事実です。

でも、いい加減気づいてください。そんな時代はとっくに終わってます。上場企業をリストラされた父親が子どもに向かって「いい大学を出て、いい会社に入りなさい」と言ってるのを聞くと、「バカかお前は！」と言わずにはいられません。いったい、いつまで旧時代の価値観に縛られて思考停止しているのでしょうか。

会社の従業員であるということは、自分の力ではどうしようもないリスクを常に抱えているということです。あなたがトップの営業成績を誇る営業マンだとします。でも会社が経営戦略に失敗すると、どれだけあなたが売り上げを立てても、会社は潰れてしまうのです。

例えば、あなたが類稀なるコミュニケーション能力で上司に寵愛されて出世街道まっしぐらだとしましょう。でも会社がＭ＆Ａで吸収合併されて上司が放り出された瞬間、あなたの立場は一変します。いわんや平均的な社員をやです。会社に余力があれば全社員が在籍し続けることができるかもしれませんが、そんな企業はごくわずか。あのシャープでさえ２０１５年６月に１２１８億円だった資本金を５億円にまで減らし、３５００人もの社員がリストラされました。大学生の就職したい企業ランキングで依然として上位常連のＳＯＮＹでも１９９９年以降８万人以上の社員がリストラされています。

僕の知人で５年前まで大学教授だったのに、現在は生活保護をもらっている人がいます。一昔前まで大学教授は医者や弁護士と並んで羨望の的のひとつで、ある意味「安定」の極みとも言える職業でした。しかし、大学全入時代になり、大学が次から次へと潰れる時代に突入。僕の知人は勤務していた大学が潰れ、一瞬にして仕事がなくなって収入源が断たれたのです。

このように、収入の柱が会社の従業員としての給与だけということは、自分の力ではどうしようもない事情によって、いとも簡単にその柱が折れる危険性があるということです。

収入の柱を一本しか立てないということ、ましてやそれが従業員としての給与であるということは、今の時代において、究極的なリスクを抱えていると言っても過言ではありません。

「パルテノン神殿方式」で複数の収入の柱を立てろ！

大黒柱一本で大丈夫という時代は完全に終わりました。経営者であろうと従業員であろうと、**収入の柱をたくさん立ててください。それが今の時代の最高のリスクヘッジです。**

ギリシャのパルテノン神殿はいつ行っても何本も柱が折れて修復工事をしています。にもかかわらず２５００年近くもの間ずっと、倒れることなくそびえ立っているのです。理由は明らかですね。パルテノン神殿には外周に46本、内部に19本の柱があります。つまり合計65本もの柱が神殿を支えているからです。柱が65本あれば、10本や20本柱が折れても支えられますよね。

まさにこのイメージです。柱が１本しかなければ、それが折れたら終わりです。どんなに太くて頑丈そうな大黒柱でも、いとも簡単に折れてしまう時代ですよ。柱が2本や3本でも危ういですね。1本折れれば、倒れないにしても確実に不安定になります。では柱が20本あればどうでしょう。2本や3本折れても大丈夫ですよね。柱が40本あれば安泰です。柱が60本あればパルテノン神殿並みに倒れません。

パルテノン神殿がたくさんの柱で神殿を支えるように、たくさんの収入の柱を立てて、あなた自身はもちろん、あなたの大切な家族の人生を支えるのです。これが今の時代における最大のリスクヘッジです。

僕は基本的には40本、最低でも20本は柱を立てることを意識しています。もちろん、すべての柱が同じ太さで立っているわけではありません。主たる収入の柱としての太い柱が何本かあり、それほど太くはない柱も何本かあり、細い柱も何本かあります。そして、ある時は太かった柱が時代の変化とともに細くなったり、ある時は細かった柱が逆に太くなったりすることもあります。もちろん、倒れてしまう柱もあれば、新しく立つ柱もある。このように変化しつつも、常時40本、最低でも20本は柱が立っている状態にしているのです。それだけの柱があれば、目先の生活に対する不安も将来に対する不安もなく、常に安定していられます。まさにパルテノン神殿と同じです。

「そんなにたくさんの柱を立てられない」と思った方もいますよね？

思い出してください。

ビジネスとは何かを売ってお金をもらうこと。

人気のゲームソフトを売ることも１本の柱になりますし、不要な服を売ることも１本の柱になりますし、新作のｉＰｈｏｎｅを売ることも１本の柱になります。難しく考えるのではなく、「何かを売ってお金をもらう」ということをどんどんやっていけばいいだけです。

既出の小学校４年生だって、ヤフオクでゲームを売って柱を１本、別のサイトで洋服を売って柱を１本、アフィリエイト用のブログを作って柱を１本、母親のお手伝いをして柱を１本——という具合に複数の収入の柱を作っています。小学校４年生にさえできることが、あなたにできないわけがありません。

そして、柱をたくさん立てるということは人生のリスクヘッジになるだけでなく、年収１０００万円とか年収１億円を目指すという際にも有効です。

１億円を12で割ると８３３万３３３３円。つまり年収１億円ということは、１か月あたり８３３万円の利益を出さなければならないということです。例えば、小さな洋服屋をやるとして、例えば地元の定食屋をやるとして、例えば自宅でマッサージサロンをやるとして、1か月に833万円もの純利益をあげるというのは正直言って現実的ではありません。収入の柱1本だけで1か月に833万円もの利益を出そうとするから年収1億円が不可能に思えるのです。

でも収入の柱が20本あればどうでしょう。833万円を20で割ると41万6500円。1本の柱で1か月あたり40万円そこそこの利益をあげる。これは十分に見える数字です。1か月に40万円程度の利益を出す柱が20本あれば年収1億円になります。40本の柱があるならば、1本の柱で1か月あたり20万円程度の利益を出せばいいだけ。それで年収1億円です。

年収1000万円であれば、それぞれその10分の1でいいわけです。20本の柱があれば、1本の柱で1か月あたり4万円の利益を出せばいいだけですよ。40本の柱があるなら、1本の柱で1か月あたり2万円の利益を出すだけ。2万円の利益を出す柱が40本あれば、年収1000万円です。

「パルテノン神殿方式で」収入の柱をたくさん立てることが人生のリスクヘッジになるばかりか、収入を増やすうえでもきわめて有効なことが理解できたのではないでしょうか。

「でも、うちの会社は副業禁止だから…」と言う方がいますよね。

はっきり言わせてもらいます。

お前はバカか！

ほとんどの会社は社員管理のため副業禁止と言うでしょう。でも、そんなの守る必要ありません。

あなたや、あなたの家族の人生と、会社と、どちらが大切ですか？

副業禁止を従順に守り通せば、会社が潰れたりリストラされたりした場合に、会社が今後のあなたの人生を守ってくれるのであれば、副業禁止を守り通せばいい。でも現実は、残念ながら、副業禁止を守ったからといって、会社はあなたを守ってくれません。何度も言うとおり、どんな大企業だっていつ潰れるとも限らない時代です。あなたは会社と心中して、自分の人生や家族の人生を棒に振るのですか？

会社の業務に支障をきたさない限り、プライベートな時間を使って副業することを会社が禁じる意味がわからない。本書を読んでいる経営者の方はそんなバカみたいなルール、今すぐ撤廃してください。

僕の会社では副業を全面的に推奨しています。会社での業務以外のところで、自分の力でお金を稼ぐことを経験してくれれば、その社員の会社での仕事のクオリティは間違いなく上がります。従業員としての報酬以外にお金を稼ごうとすると、「何かを売ってお金をもらう」ことをやらなければならないので、経営者感覚が身につくからです。そして、会社からは成果にかかわらず安定的に報酬が得られるかもしれませんが、「何かを売ってお金をもらう」ことをやる場合、成果が出ないと報酬になりません。つまり、「成果」を常に意識して仕事に取り組むようになるのです。

もちろん、正社員として雇用している以上、他の会社で正社員として働くことと、会社の業務に支障をきたさないということだけは、経営者として義務づけてはいますが、それ以外は自由にやってもらっておおいにけっこう。

自分の力で「何かを売ってお金をもらう」。これ以上の社員研修はありませんよ。

収入の柱を生み出すマーケティング思考

収入の柱をたくさん立てることを意識すると、生活すべてがマーケティングの素材に変わります。

これは売れるかな？
この人には何を売ったら喜んでもらえるだろう？
これをもっと高い値段で売るにはどうすればいいだろう？
このキャッチコピーをもっと効果的なものに変えるとしたら？
このチラシは色をもっとこうすればいいんじゃないかな？

ショッピングをしていても、食事をしていても、常にこういうことを考えるようになるのです。これまで気にもしていなかった売り手の意図や目的を考えるようになることで、チラシや店頭ポップなどが生きた教材に変わります。自分が衝動買いで何か商品を購入すると、「どうして自分はこれを買ってしまったんだろう？」と分析に入ります。

これが、脳が完全にマーケティング思考になっている状態です。

もし、自然とそうならない場合、最初のうちは意図的にマーケティング思考を意識して考えるようにしてください。

コツは「なぜ？」を常に投げかけること。そして、それに対する「自分なりの答え」を必ず出していくことです。毎日やっていくうちに習慣になり、無意識にマーケティング思考で考えるようになる。

そうなると、新しい収入の柱を立てるアイデアや、既存の柱をもっと太くするアイデアが次々と浮かんできます。

億万長者が集まると、「面白いアイデアがあるんだ！」「この商品をこういうふうに売れば、めちゃくちゃ儲かるよね！」「このレストランはメニューの書き方を少し変えれば、客単価上げられるのに惜しいよね」という話ばかりしています。

もはや完全なるマーケティング脳になっているのです。

生活すべてをマーケティング思考で考えるようになれば、収入の柱はどんどん増えていきます。すると収入もどんどん増えるのです。マーケティング思考を養うという点においても、第2章で言及したように、億万長者とともにかく同じコミュニティに属することが効果的。

あらゆる物事をマーケティング思考で考え、会話のすべてがマーケティングになっている人たちと常に一緒にいれば、嫌でもマーケティング思考が身につきますから。

第4章

お金を稼げる「利益の絶対方程式」

利益を劇的に変える方程式を身につけろ！

お金を稼げる「学び方」「環境」「思考」の次は、「利益の絶対方程式」を教えます。

「お金を稼ぐ」というのは特別な人にしかできないことではありません。

きちんと方程式があります。

だからこそ、再現性があるのです。

有能な経営コンサルタントが入ると、業績がV字回復するということがよくあります。

それは、そのコンサルタントのビジネスセンスや人脈などもちろんありますが、基本的には「利益の絶対方程式」を遵守しているからです。

「利益の絶対方程式」の各要素を意識するかどうかで、利益は劇的に変わります。

利益の絶対方程式

あらゆるビジネスに共通する「利益の絶対方程式」があります。

価格×顧客数×リピート数＝収益－経費＝利益

これが利益の絶対的な方程式です。いくらのものを（価格）、何人が買い（顧客数）、何回リピートされたか（リピート数）で収益が出ます。他の要素はいっさいありません。そして収益から必要経費を引いた金額が利益です。

利益を上げるためには、まず収益を上げなければいけません。収益は「価格」「顧客数」

「リピート数」の3つの要素の掛け算で成り立っています。
そこで、それぞれの要素をいかに上げていくかを考える必要があるのです。

価格競争の悲劇

「価格」「顧客数」「リピート数」という収益にかかわる3つの要素のなかで、他人の意思に関係なく、売り手自身の意思で自由にコントロールできるものがひとつだけあります。それは「価格」です。

商品を購入して顧客になるかどうかは相手の意思がかかわります。一度商品を買った顧客がリピートするかどうかにも、もちろん、顧客の意思がかかわります。相手の意思をコントロールする催眠術のような技術をビジネスに援用することもできますが、それでも自分の意思だけで「顧客数」と「リピート数」を100%コントロールすることはできません。それに対して「価格」だけは自分の意思で完全にコントロールすることができます。

思うように収益を上げられない事業者がすぐに講じる手段のひとつが「価格を下げる」というもの。正直言って、これはバカ。

「価格を下げる」なんて絶対にやってはいけません。収益は３つしかない要素の掛け算なのに、そのなかで自分の意思でコントロールできる唯一の要素である「価格」をなぜ下げるのか。僕にはまったく理解できません。

価格を下げる事業者がそうする理由は、顧客数が増えないから。つまり、彼らの言い分は「価格を下げても、そのぶん顧客数が増えるから、結果的に収益はプラスになる」というもの。でもね、価格を下げることにより「安いから」というだけの理由で来た顧客は、別の付加価値を提供できない限り、もっと安い価格を同業他社が提示すると、間違いなくそちらに流れていきます。つまり、顧客数が増えるのは一時的なものに過ぎず、結果的に業界全体に悪影響を及ぼすだけ。

例えば、マッサージ業界はその典型のひとつです。様々なマッサージサロンがオープンし始めた頃、60分６０００円、つまり10分１０００円が相場でした。しかし、マッサージサロンAが60分４９８０円を始めると、顧客は一斉にそこに流れます。マッサージサロンAは価格を下げたマイナスを補って余りある顧客数の増加により収益向上に成功するでしょう。しかし残念ながら、これは一時的なものに過ぎません。

マッサージサロンBが60分３９８０円を始めると、価格の安さだけで得た顧客は一斉にマッサージサロンAからBに流れます。すると、マッサージサロンAは価格を４９８０円に下げる前よりも収益が一気に落ちる。価格が落ちていますし、顧客数も元に戻るか減少するので当然です。

危機を感じたマッサージサロンAは価格を60分２９８０円に下げることで、再び顧客数を増やす。負けじとマッサージサロンBは60分１９８０円の衝撃価格を打ち出す。マッサージサロンAは最終手段として60分１４８０円にまで落とす。

人件費や家賃等の必要経費を考えると、もうこれ以上は下げようのない底値ではないでしょうか。利益はほぼ出ないに等しいでしょう。マッサージサロンBも60分１４８０円にせざるをえなくなる。こうして、極端な価格競争により、業界全体が利益を得られない構造になっていくのです。

「価格」は納得感に過ぎない

そもそも「価格」なんてあってないようなもの。

例えば、５００ミリリットルのペットボトルの水の価格は１２０~１５０円ですよね。

２本買うと１リットル２４０〜３００円。この価格をなぜ日本人が高いと思わず、普通に受け入れているのかが僕には謎で仕方ありません。

ガソリンを考えてみてください。ガソリンは１リットルが１２０円から１５０円前後です。単純に水はガソリンの２倍ですよ。ガソリンは中東のほうで掘削され、タンカーで運ばれ、関税までかかったうえで１リットル１２０〜１５０円。六甲山とか富士山などの山で汲んできただけの水が１リットル２４０〜３００円。水の価格はどう考えても高いですよね。

ガソリンの価格が10円上がると大騒ぎする人たちが、その２倍もの価格でペットボトルの水を何とも思わず買っている。それはなぜか？　理由は簡単です。「ペットボトルという容器に入っている飲み物は１２０〜１５０円である」というふうに思っているからです。

コーラとかジュースと比べても水は高いと思いますよ。コーラやジュースは様々な原料や、場合によっては果汁だってたくさん使われています。機械化されているとはいえ、手間だってそれなりにかかっているはず。それに対して、水は山で汲むだけ。もちろん商品として売り出すために、多少の加工はしているでしょうが、原価としてはコーラやジュースのほうが高いのではないでしょうか。

それにもかかわらず、我々はそれをほぼ同じ価格で受け入れています。それは、ペットボトルという容器に入っている飲み物が一律120～150円であることに納得しているからです。

もう一度ガソリンと比べてみてください。水もコーラもジュースもめちゃくちゃ高い価格設定ですよ。でも、納得感があるから受け入れる。

逆に言うと、納得感さえ創出できれば、どれほど高い価格を設定しても、顧客は「高い」と感じないのです。

ブランディング＝納得感の創出

エルメスの服やバッグは何十万円もするのに、なぜそれが受け入れられるのか？

答えは「それがエルメスだから」です。

グッチの服やバッグもやはり相当高価なのに、なぜそれが受け入れられるのでしょう？

答えは「それがグッチだから」です。

以前、韓国に行った時のこと。ソウルにある東大門の問屋街で毛皮のコートを購入しました。価格は４万５０００円。帰国して、「これ安かったんだ！　いくらだと思う？」と社員たちに見せたところ「どう見ても40～50万円はしますよね」「有名ブランドじゃなくても30万円はするでしょう」「そんなに安いということは、15万円くらいですか？」「でも、どれだけ安くても20万円はしますよ〜」と話しています。4万5000円という購入価格を明かすと、全員唖然として言葉を失いました。

でも社員たちの見立ては間違ってないんですよ。実際、そのコートを売っていた店の店主が「毛皮のコートでいちばん高いのは首元につけるブランドのタグなんだよ。この4万5000円のコートが、Aというブランドのタグをつけると30万円、ハイクラスなBというブランドのタグをつけると50万円、さらにハイクラスなCというブランドのタグをつけると100万円以上になるんだから」と笑ってました。

つまり、社員たちは「これだけの毛皮のコートは30万〜50万円。ブランドものだともっと高くて当たり前」と思っているのです。だから店頭で30万円の値がついていても納得して購入するでしょうし、セールで20万円になっていれば安いと思って飛びつくでしょう。実際は4万5000円、もっと言うと問屋だって利益を得ているはずですから、3万円〜4万円くらいでしょうか。それが20万円で売られているのに「安い！」と思うわけです。

人間は「価格」に対する自分の価値基準や判断が正しいと思っていますが、どれほどいい加減なものかよく分かりますね。

話を戻すと、エルメスの商品は「エルメスだから当然！」と顧客が納得しているから、凄まじく高い値段をつけても受け入れられるのです。グッチも同様だし、ルイ・ヴィトンもシャネルもブルガリも同じこと。

まさにブランド作り、「ブランディング」です。

ブランディングというと難しく考える方が多いですが、単に納得感の創出に過ぎません。

「ブランディング＝納得感の創出」なのです。

ハイエンドなブランドショップを想起してみてください。

例えば、グッチなら上品なブラウンとゴールドを基調とした、どこからどう見ても高級そうな店構えです。入口には制服を着たガードマンが立っていて、入りにくさを醸し出しています。中に入ると、空間が贅沢に使われ、レザーのブレスレットが1つだけショーケースに入っていて、そこにピンスポットが当たっている。すると、このブレスレットが10万円でも「納得感」がありますよね。

では、同じブレスレットが５００円や１０００円くらいのブレスレットと並んで、道端の露店で売っていればどうでしょう？　商品自体は本当にグッチの正規品だとしても、顧客からするとまったく「納得感」がないですね。すると、買うわけがない。

例えば、そのブレスレットが同じ露店で3万円で売っていたとします。本来なら、「安い！」と飛びついてもおかしくないはずですが、それでも絶対に買わないでしょう。「納得感」がないからです。

このように、ブランディングとは「納得感の創出」と同義です。

海の家のようなアットホームな雰囲気の店構えで、看板は流木に手書き、店頭には涼しげな風鈴が並んでいる。そういう店を見た時、中で売っている商品の価格帯はどのくらいだと想像しますか？

数百円から数千円だと思いませんか？　そう思いつつ店に入ってみると、数万円から数十万円の商品が並んでいたら？

間違いなく、すぐに店を出るでしょう。その価格であることの「納得感」がないからです。

「価格」は簡単に上げられる！

ブランディングが成功している状態とは、誰もが同じように想起する首尾一貫した「納得感」を浸透させることができている状態です。これは何もハイブランドに限ったことではありません。

ユニクロと聞いた時、色と言えば、１００人中１００人が赤と白を思い浮かべますね。１０００円前後でフリースを買える店というイメージがありませんか？　ユニクロと聞いて、何十万円もする洋服を売っている店と思う人は誰もいませんよね。

同じように、マクドナルドと聞いても、スターバックスと聞いても、誰もが同じような色合い、同じような価格帯、同じような店のイメージを想起します。そして、そのイメージを強化するような店構えです。完全に首尾一貫していて矛盾がない。だから「納得感」が生まれるのです。

ユニクロが突然１００万円のバッグを売りはじめたとして、あなたは買いたいと思いますか？　エルメスが突然１００円のキーホルダーを売り出したら？

売れるわけがありません。エルメスの商品を買う人は１００円のキーホルダーなんて欲しくないし、そもそも天下のエルメスにそんなものを販売して欲しくない。「納得感」がないと、価格が高くても安くても顧客は買いません。逆に言うと、納得感があれば、価格が高くても安くても顧客は購入するのです。

近所の居酒屋が「生ビール１杯50円」を突然始めたとします。怪しくないですか？　生ビールと言いつつ、安い第三のビールが出てくると邪推したくありません？　でも、「開店1周年記念につき、本日限り生ビール50円」と書かれていれば、一気に「納得感」が創出されますね。店には行列ができるでしょう。

「納得感」を創出しさえすれば、価格は自由にコントロールできます。つまり、収益にかかわる3つの要素のひとつである「価格」は、顧客から不満に思われることなく、いとも簡単に上げることができるのです。

メニューⒶをご覧ください。

居酒屋でメニューを開いたらこのように書いてありました。

あなたはどの料理を注文しますか？

ほぼ全員が「モツ鍋」を注文するのではないでしょうか。

常識的に考えて、原価がいちばん高いのは「すき焼き」ですよね。その「すき焼き」よりも原価が安く、売値が高く設定されている「モツ鍋」を注文してくれれば、店主としては願ったり叶ったりです。

では、なぜ顧客は「モツ鍋」を注文するのか？

メニューの中でひときわ大きくスペースを割き、「当店のイチオシ！」とわざわざ書いてあるからです。

メニューⒷをご覧ください。

まったく同じメニューですが、書き方を変えてみました。こうなると「モツ鍋」を頼む人は一気に減りますよね。

今度はメニューAの「モツ鍋」の価格を単純に上げてみます。

メニューⒸをご覧ください。

これだと「モツ鍋」が割高になった感じがするだけですよね。

では、一瞬でこの価格の「納得感」を出してみます。

メニューDをご覧ください。

いかがでしょう？

メニューに一言付け足すだけで、一気に「納得感」が生まれましたね。

「幻の」の一言だけで、「きっと秘伝のスープなのだろう」とか「特別なモツを使っているのだろう」とか「野菜がいいものだろう」などと、顧客は勝手に類推して行間を埋めてくれます。

さらに、そういうことを実際に書いてみたらどうでしょう？

メニューEをご覧ください。

こうなると、ほとんどの人がこの価格でも「モツ鍋」を頼むのではないでしょうか。

「納得感の創出」により、「価格」は簡単に上げられることが分かりましたね。

店構え、店頭ディスプレイ、商品名のつけ方、店員の容姿や衣装、メニューの書き方、メディアやタレントによるイメージ作りなどにより、ブランディング、つまり納得感の創出を行うことで、「価格」は自由にコントロールできるのです。

「顧客数」を増やせ！

収益にかかわる3要素の2番目は「顧客数」です。

顧客数を増やす方法は無限にありえます。

極論を言うと、お金を使えば簡単です。国民的スターをイメージキャラクターに起用したテレビCMを頻繁に流し、新聞広告や雑誌広告を出しまくり、ポスターで電車の車内を埋め尽くし、街をジャックして映像やポスターを際限なく露出していけば、顧客は増えるに決まっています。しかし、これは資金に余裕のある大企業じゃなければできない戦略だし、費用対効果を考えるとリスクがあまりにも大きいですね。

それでは、資金に余裕のない中小企業や個人事業主はどのようにすれば顧客を増やすことができるのか？

真っ先に挙げられるのがインターネットの活用により、レバレッジを効かすこと。「今の時代は非常に稼ぎやすくなっている」と序章で言及しましたが、その大きな根拠がインターネットです。どんな業種であろうと、インターネットを活用するかしないかで、収益は桁違いに差が出ます。「パソコンが苦手で…」とか悠長なことを言ってる人は、今すぐ猛特訓してください。今の時代、パソコンが使えないのは、平仮名が書けないのと同じくらい恥ずべきことと認識してもいいくらいです。

インターネットの活用法に関して、詳しくは第５章で解説していきます。

効果的なチラシの作り方・配り方

業種や業態によっては、アナログではありますが、チラシの効果も捨てたものではありません。ただし、大事なのはチラシの作り方です。

以前、ある学習塾から僕にコンサルティングの依頼が入りました。新規の塾生がまったく増えないという相談です。地域密着型の小・中学生向け学習塾ですので、インターネットで広範囲に募集するよりも、地元でチラシを配布するのが王道です。しかし、費用をかけて大量のチラシを新聞に折り込んで配布したのに、まったく反応がないとのこと。そこで、まずは配布したチラシを拝見させてもらいました。

デザイン自体はよくできているし、必要情報もきちんと入っていて、チラシの出来は悪くありません。ただ、最大の問題が見出しのキャッチコピーでした。「春期講習生徒募集！」と書いてあるのです。よくありがちなものですが、これでは顧客に響くはずがありません。

キャッチコピーを作るときには、まず読者を想定する必要があります。小・中学生向けの学習塾のチラシは誰に向けて書けばいいのか？ 言うまでもなく、小・中学生本人ではありません。小・中学生がチラシを見て、「お母さん！ 僕、この塾に通いたい！」なんて言うわけがありませんよね。小・中学生向けの学習塾のチラシは親に向けて書くのです。

それでは、親が塾に求めるものは何か？

ズバリ、子どもの成績向上、ひいては子どもの幸せな未来です。

そして、親が塾を選ぶ際に気にするポイントはどこか？

塾に要する費用に決まってます。

「安くて成績の上がる塾」であれば、親は子どもを通わせたいのです。

あとはいかにそれを分かりやすく伝えるか。それだけです。

元のチラシには費用が1か月1万5000円と書いてありました。それも、「どうだ安いだろ！」と言わんがばかりの書き方です。塾関係者からすると、この価格が他と比べて安いのは常識かもしれませんが、親にとってはどうでしょう？

よほど小まめにあちこちの塾を比較検討している人でもなければ、1か月1万5000円が高いのか安いのかさっぱり分からないはずです。そこで、「安いんだぞ！」ということをもっと分かりやすく伝える必要があります。

もちろん、他の塾との価格比較表を本文中に掲載するという手もありますが、塾の費用に関しては親にとって最重要ポイントのひとつなので、安いのであればそれを一瞬で伝えたいものです。そこで、僕は1万5000円を30で割り、1日350円という書き方に変えました。しかも安いというふうに感じさせるべく、「たった」という一言を加えます。

350円は親にとっては毎日のようにいつの間にか財布から出て行く程度の金額でしょう。その350円を自分のためではなく、子どものために使うことで、子どもの成績が上がるということを伝えればいいのです。

そこで、親が日常的に350円を使う場面を考えてみました。ビールの値段にしては安いですし、ペットボトルの値段にしては高いです。そこで閃いたのがコーヒーでした。確かにドトールやスターバックスなどのように200円前後でコーヒーが飲めるところもありますが、コーヒー1杯350円は納得感のある数字です。

最初に僕が試作したのは「1日たった350円。コーヒー1杯分で子どもの成績が上がります」というコピーです。

ただ、大学受験生ならまだしも、小・中学生の親であれば、「成績が上がる」ことにさほど比重を置かない人も多いでしょう。しかし、「子どもの未来が幸せであること」を望まない親はいるはずがありません。そのあたりをうまく含みつつ、「成績が上がる」というふうにも読めるように行間を残した表現はないかと考え、最終的には「1日たった350円。コーヒー1杯分で子どもの未来が変わります」というキャッチコピーにしました。

元の「春期講習生徒募集！」のチラシは新聞に2万枚を折り込んで、問い合わせが2件だったとのこと。これは塾業界のチラシとしてはごく普通の数字です。明光義塾のような最大手の塾でもチラシ1万枚に対して問い合わせが1件と言われていますから。

さて、僕がキャッチコピーを作ってデザインを微調整したチラシを、同じように新聞に折り込み、同じ地域に日曜日に撒いてみました。日曜日が塾のチラシを撒くには最良というのが定説です。なぜなら、平日だと親は出社前に新聞をじっくり読む時間が取れないし、新聞を読んだとしても、チラシまでゆっくり見る余裕がないからです。折り込んだ枚数は5000枚。その結果、50件以上の問い合わせがありました。

チラシ1枚でも作り方次第でこんなにも効果が違うのです。ポイントは読者の気持ちに寄り添うこと。For Youの精神です。

元の「春期講習生徒募集！」は完全にFor Meだということが分かりますか？「塾長である私は春期講習の生徒がたくさん欲しい！」と言ってるも同然。完全にI wantを表明しています。これでは読者に響くわけがありません。

これに対して、「1日たった350円。コーヒー1杯分で子どもの未来が変わります」の方は完全にFor Youです。読者が欲しいことと、読者が心配すること双方に訴えかけているのです。

さて、後日談を付け加えておきます。凄まじい反応率だったチラシを、塾のチラシの新聞折り込みとしてはもっとも鬼門の水曜日に試しに配布してみました。結果は2000枚配布して問い合わせが0件。曜日が変わるだけでこんなにも反応が違います。

大事なことは、自分の勝手な思い込みでチラシを製作し、大量に印刷して、適当な曜日に一気に配ってしまうというバカみたいな行動をしないこと。こういうことをやるから、広告費を使っても顧客が増えず、ただ経営を圧迫するだけになるのです。

同じように新聞に折り込みチラシを入れるにしても、何パターンかのデザインで製作し、曜日やエリアを変えて少量を配布して反応率のデータを取るのです。これをテストマーケティングと言います。テストマーケティングをしたうえで、**もっとも効果的なデザインで、もっとも効果的な曜日に、もっとも効果的なエリアに配布する。これだけでチラシの費用対効果は圧倒的に上がります。**

インターネットによる集客、チラシによる集客の他にも、顧客数を増やす集客方法はたくさん存在します。体系的に網羅すると、それだけで別の本になりますので、オンライン、オフラインについてともに言及したところで、「リピート数」の話に移ります。

「顧客リスト」の重要性――リピート数をアップせよ！

江戸時代の商人は、店が火事になると真っ先に顧客名簿を持って逃げるか、顧客名簿を井戸に投げ込んで逃げました。当時の顧客名簿は特殊なコンニャクで作った紙を使っていたので、墨で書かれた文字が水に浸かってもにじまなかったのです。店がなくなり、商品が燃えてしまっても、顧客名簿さえ残っていれば、取引先に挨拶回りができるので、顧客がまた商品を買ってくれます。それで店を建て直せるし、新たに商品を仕入れることも可能です。商売で一番の資産は顧客であるということを、よく分かっていたのです。

これは今の時代になってもまったく変わりません。どんなビジネスをやるにしても、**命の次に大切なのは顧客名簿、今風に言うと「顧客リスト」です。**

収益の3要素の3つ目が「リピート数」ですが、ここに大きな役割を果たすのがまさに「顧客リスト」です。

顧客の個人情報を取得せよ！

「初めての顧客に商品を買ってもらう」というのは、売り手にとって最大のハードルです。それを飛び越えた顧客を絶対にそのまま帰してはいけません。その顧客の個人情報を何が何でも入手するのです。名前、住所、電話番号、メールアドレス、SNSのアカウント、職業、勤務先など、細かく情報を取れるに越したことはありませんが、最悪でも電話番号かメールアドレスかLINEのIDのどれかひとつだけでも入手してください。

それらを入手できなければ、一度商品を買うという最大のハードルを飛び越えた顧客に、売り手側からリピートを促すアプローチが一切できなくなってしまいます。すると、その人がふたたび店の前を偶然通りがかり、店に立ち寄ってくれるのを待つことしかできなくなるのです。これでは「リピート数」を増やす手段を講じることができません。

個人情報の入手方法はいろいろと考えられますが、基本的には顧客に何かプレゼントを

渡し、それと引き換えに個人情報をもらうというのが正攻法です。

以前、大阪のあるお好み焼き屋で、アンケートを書いたら次回来店時の割引券をくれるという店がありました。アンケート自体はチェックするだけの簡単なものでしたが、個人情報を記入する欄を設けていないのです。これではただプレゼントをあげるだけですよね。店長を呼んで「お前はバカか！」と言ってやりたくなりましたが、自重して、割引券をもらって店を出ました。

プレゼントを渡すと同時に、必ず個人情報を入手してください。

その際、５００円ごとに１つスタンプを押し、30個たまると２０００円引きになるという類のスタンプカードを導入しているところがありますよね。もちろん、何もやらないよりはマシですが、これでは顧客の個人情報を取れる数が減ってしまいます。

上記のお好み焼き屋は論外として、アンケートにより個人情報を得るケースもよく見受けられます。目的が「今後の店舗運営の改善」ならアンケートはいいのですが、目的が「個人情報の取得」であれば、アンケートもあまりよくないですね。

顧客が求めるのは「手間がかからず、今すぐ得をすること」です。

自分自身が顧客だとして、そうじゃありませんか？

そう考えると、顧客的には今すぐ得にならず、何度か来ることで得をするスタンプカードは、個人情報取得には得策ではありません。

「スタンプを貯めたい」という気持ちに訴えてリピートを促しているという意見もあるでしょうが、「スタンプを貯めること」を目的に店に足を運ぶ人がはたしているでしょうか？　どこもかしこもスタンプカードを配布しているのですから、「スタンプを貯めたい」という気持ちでリピートする人は皆無に等しいでしょう。

顧客的には手間がかかるという点で、アンケートも得策ではありません。

「名前とメルアドを書いてくれれば、今日の会計から10％オフ」くらいがベストですね。

もちろん、プレゼントの質を上げれば上げるほど顧客リストは増えていきます。「名前とメルアドを書いてくれれば、今日の会計から50％オフ」までやると、ほとんどすべての顧客が書いてくれるでしょう。

しかし、これには大きな問題点があって、1度目の来店と比べて2度目以降のお得感がないうえ、顧客的には初回半額だったことが基準になり、それと比べて「損する」という感覚にさえなるので、リピートしてもらいづらくなる心理効果を引き起こすというデメリットがあります。

つまり、**「手軽に、今すぐちょっと得する」というプレゼントを提示するのが理想です。**

さすがに「名前とメルアドを書いてくれれば、今日の会計から10％オフ」だと、あからさまに個人情報を取得しようとしているのが顧客に伝わるので、顧客がそれを記入することに対して疑問を抱かないような理由をきちんと提示したいところ。

そこで、アンケートと称して、1項目か2項目だけ、それもチェックするだけでできる簡単なものを書いてもらい、そこに名前とメルアドの記入欄を作っておけばいいですね。それを書いてくれれば、今日の会計から10％オフくらいにすれば、顧客の個人情報は取りやすいですよ。

顧客の個人情報の取得に最強のＬＩＮＥ＠

「手軽に、今すぐちょっと得する」を提供して個人情報を得ることを考えると、本書執筆時点で最強なのがＬＩＮＥ＠です。

ＬＩＮＥ＠はＬＩＮＥの提供しているサービスのひとつで、誰でも「公式ページ」をＬＩＮＥに持てるというもの。Ｆａｃｅｂｏｏｋで言うと、Ｆａｃｅｂｏｏｋページに当たります。

LINE公式ページは、かつては著名人や大企業などしか作れませんでしたが、LINE@の導入以降は誰でもアカウントを作れるようになりました。

QRコードを掲載したポップやチラシを店内に掲示したり顧客に配布したりして、「LINE@に登録してくれれば、今日の会計から10％オフ」とやると、スマホをかざすだけで目先の会計が割引になるのですから、顧客からすると嬉しい限りです。しかも、紙に名前やメルアドを書くわけではありませんので、個人情報を取得されている感覚がなく、心理的ハードルも低い。

そして**LINE@が最強であるのは、売り手が送るメッセージが顧客の手に確実に届くこと。**それはメールでも一緒だと思ったら大間違い。最近のメールソフトは一斉送信メールを自動ではじいたり、迷惑メールトレイに振り分けたりするので、リピートを促そうとメールを送っても相手に届かないことがありえます。その点、LINE@は確実に顧客の手元に届くのです。

しかも、クーポンを表示したりメニューを掲載したり、写真を載せたりという機能まであります。リピートを促すメッセージを送ったら、確実に相手に届くうえ、クーポンとも連動させられるのはありがたいですよね。

「感情」にフォーカスせよ！

「価格」「顧客数」「リピート数」のそれぞれを上げていくと、それが掛け算になるので、収益は簡単に何倍にもなります。

「たった1か月で売り上げが10倍に！」のような実績を掲げるコンサルタントがよくいますが、3要素の掛け算で収益を上げるので、1か月で10倍というのも十分にありえる数字です。ましてや、これまで何の策も講じていない会社や店舗であれば、なおさら収益を上げるのは簡単です。

3要素を上げる際の最重要ポイントは「感情」にフォーカスすること。

人間は「感情」の生き物です。

買い物をする際、「この赤いワンピースが欲しいけど、うちのクローゼットには現在ワンピースの割合が多く、カットソーが少ない。暖色系と寒色系を比べると、明らかに好みもあって暖色系の洋服ばかり買っている。だから、本当に欲しいのは、この赤いワンピースだけど、これを買わずに青いカットソーを買おう」というふうに、「理性」で買い物をする人は誰もいません。

「何これ！　この赤いワンピースめちゃくちゃ可愛い！」とまずは「感情」が動きます。そのうえで、「こないだも赤いワンピース買ったけど、デザインが違うし、2つあると便利。値段もちょっと高いけど、ここのところ残業続きで飲み会の誘いも断ってきたし、もうすぐ給料日だからいいかな」という具合に、「理性」で「感情」を正当化する。人間はこういう心の流れで買い物をしています。

つまり、**「感情」が先に動いて、「理性」がその「感情」を正当化しますから、いかに顧客を「感情」の土俵に乗せるかが大切です。**

ナンパのプロはこのあたりが非常にうまいですね。「キレイですね」と街で声をかけたところで、キレイな女性はそう言われ慣れているから、「感情」が動かない。だから無視されて、立ち止まってもらえないのです。

そこで、例えば「スカートがめくれてますよ」のように、女性の「感情」が動くようなアプローチをする。男性からそう言われて恥ずかしくならない女性はいませんよね。あるいは、通りすがりに「うわ〜、豚でも入ってそうなバッグ…」と言われれば確実にムカつくでしょう。こうして相手を「感情」の土俵に乗せてから、口説いていくのがプロのナンパ師の常套手段。

これまでに挙げたいくつかの例で分かるとおり、**ビジネスでも収益の3要素を上げていくためには顧客の「感情」をいかにコントロールするかが大切です。それがすべてだと言っても過言ではありません。**

このあたりのことを詳しく解説すると、それだけで別の本になってしまいます。しかし、非常に重要なポイントでもあるので、『お金を稼げる「感情操作」』について興味ある方には、僕自身がそれを解説している動画を【無料】でプレゼントします。本書の読者の方のためだけに特別に撮り下ろした動画です。

下記からお名前とメールアドレスを書いてご請求ください。自動返信でスペシャル動画をお届けいたします。

スペシャル動画講義『お金を稼げる「感情操作」』を今すぐ入手する
⬇ izumi@dome-ex.jp

今まさに僕がやったように、顧客リストを常に貪欲に取得していくのです。ちなみに僕のLINE@のIDは「@izumitadashi」。普段お使いのLINEのID検索で探してみてください。検索する際、@（アットマーク）を付けるのをお忘れなく。僕とLINEでつながって直接相談をしたい方は、ぜひご登録くださいね。

さて、収益が上がれば、「経費」をいかに減らすかで「利益」の大きさが確定します。経営を圧迫する「経費」の2大要素は人件費と在庫維持管理費です。ここをいかに削減するかが大きなポイントになりますが、インターネットをうまく活用することで、これらを0にするビジネスモデルだっていくつもあります。

1か月で数百万円、数千万円と利益を上げる個人起業家が次々と出現していますが、彼らに共通するのはインターネットを活用してレバレッジを効かし、同時に人件費と在庫維持管理費を究極的に削っていることです。このあたりは次章で詳しく見ていくことにします。

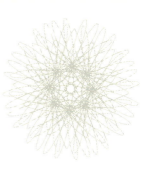

第5章

お金を稼げる「レバレッジ」

レバレッジをかけろ！

ビジネスで月収数万円・数十万円の世界から、月収数百万円・数千万円という異次元の稼ぎを得るようになるには、レバレッジを効かさなければなりません。

レバレッジとは、本来、経済活動において他人の資本を使うことで自分の利益率を高めることを指します。自己資金だけでビジネスをするよりも銀行などから資金を借り入れることで、より大きな取引が可能になり、利益率をあげられるというもの。

株で言うと委託保証金よりも大きい額での取引ができる信用取引がレバレッジに当たります。ＦＸでも最初に自分のお金を証拠金として預け入れることで、その証拠金の数倍から数百倍の金額で取引ができるのですが、これがまさにレバレッジです。

レバレッジをかけると、うまくいけば大儲けできますが、失敗すると大損するのでハイリスク・ハイリターンになります。そうであるがゆえに、「レバレッジをかける」と言うと、ハイリスクを嫌う人も多いですよね。

しかし、僕が本書で言うレバレッジは、「『てこの原理』を使うことで、大きな利益を得る」というぐらいのイメージで捉えてください。

ここでは前章で紹介した収益にかかわる３要素の１つである「顧客数」を増やすために、ノーリスク・ハイリターンでレバレッジを効かせる２つの手法を教えていきます。

この２つ以外は「顧客数」を激増させるためにレバレッジをかける方法がないと言っても過言ではありません。

１つは「インターネットの活用」、もう１つは「マルチレベルマーケティング（ＭＬＭ）」です。

インターネットは絶対に活用せよ！

インターネットビジネスで稼いでいる人たちが「月収700万円」とか「月収2000万円」とか言ってるのを聞いたことがありませんか？

それを聞いてすぐに「怪しい」と言う人が多いですが、そういう人たちははっきり言ってバカ。自分の価値観だけで考えて思考停止しないでください。実際にインターネットを活用して稼いでる人からすれば、怪しい要素などまったくありません。数百万円、数千万円レベルで稼げるのはむしろ当たり前なくらいです。

例えば、東京の渋谷におもちゃ屋を開いたとします。そこにゲームやプラモデルを買いに来るのは基本的に半径2~3キロに在住・在勤の人だけ。東京渋谷のおもちゃ屋に、大阪から、福岡から、北海道から、わざわざおもちゃを買いに行く人はいませんよね。東京の上野からでさえ、渋谷までおもちゃを買いに行く人はいないでしょう。

それでは、半径2～3キロに在住の人が20万人いるとします。その1％がおもちゃ屋に足を運んだとして2000人。その1％がおもちゃを買って帰ったとして20人。つまり、顧客数は20人にしかなりません。そりゃあ収益は数万円～数十万円でしょう。

ではインターネットでオンラインのおもちゃ屋をやるとします。日本人だけで考えてもインターネットユーザーは約1億人です。その1％がお店のページを見たとして100万人。その1％がおもちゃを買ったとして1万人。つまり顧客数は1万人にもなります。

同じ割合で計算したとして、片や顧客数20人、片や顧客数1万人。収益が何十倍にも何百倍にもなって当たり前です。

さらに、英語でサイトを作って、日本だけでなく世界をターゲットにするとどうでしょう？

世界のインターネットユーザーは約32億人。同じ割合で単純計算すると、顧客数は32万人。もちろん国によって文化や習慣が違うので、単純計算はできないですが、それでもインターネットを活用すれば、収益を数千倍、数万倍にすることだって不可能ではありません。インターネットは収益の3要素の1つである「顧客数」を桁外れに増やすことができる可能性を秘めているからです。

序章で「今の時代は非常に稼ぎやすくなっている」と言った最大の根拠は、まさにインターネットの普及です。これまでは半径2~3キロしか商圏がないのが常識でしたが、誰であろうと日本中、いや世界中を商圏にすることができるようになりました。

さて、あなたはインターネットビジネスで異次元の収益をあげている人たちをまだ怪しいと思いますか？

だとしたら、救いようのない「根っからのバカ」ですよ。

今からでも遅くはありません。

インターネットをビジネスにフル活用してください。

ビジネスの規模＝「見込み客」の多さ

「顧客リスト」の重要性については前章で確認しましたが、実は「顧客リスト」には２種類あります。１つは「既存の顧客リスト」、もう１つが「見込み客リスト」です。

前者は前章で言及したとおり「リピート数」を増やすために重要ですが、後者は「顧客数」そのものを増やすために必要不可欠なもの。

目先の顧客はもちろん大事ですが、ビジネスにおいてもっと大事と言っても過言ではないのが「見込み客」です。「見込み客」とは、自分が販売している商品を１％でもいいので買う可能性のある人を指します。

ビジネスの規模は見込み客の多さで決まります。

「ビジネスの規模＝見込み客の多さ」です。

例えば、５人しかいない公園でたこ焼きの屋台を出すとします。

たこ焼きは何パック売れるでしょうか？

購買率１００％でも５パックです。１００％ということはありえないので、せいぜい１〜２パックも売れればいいほうではないでしょうか。

では、約95万人が集まる隅田川の花火大会でたこ焼きの屋台を出すとします。５パックしか売れないということはありえないですよね。

このように、ビジネスの規模は見込み客の多さに比例します。

つまり、収益を上げようとするならば、いかに見込み客を増やすかを考えなければなりません。

ビジネスにSNSをフル活用せよ！

「ビジネスの規模＝見込み客の多さ」ですので、ソーシャルネットワーキングサービス（SNS）をビジネス利用しない意味がわかりません。

例えば、Ｆａｃｅｂｏｏｋユーザーは日本人だけでも約２５００万人、世界中で約14億人います。日本だけで考えるにしても、Ｆａｃｅｂｏｏｋを２５００万人が参加しているお祭りと思ってください。例えばそこで友人同士のやりとりをしてるだけであれば、２５００万人も集まってるお祭りで、友だち同士でヒソヒソ話をしているような感じです。僕は言いたい、**「なぜ２５００万人も集まってるお祭りで、屋台を出さないのか！」**と。

ＬＩＮＥユーザーは日本だけで５０００万人以上、世界では6億人います。また、ＹｏｕＴｕｂｅユーザーは日本だけで約５０００万人、世界では10億人以上です。ＴｗｉｔｔｅｒだってＩｎｓｔａｇｒａｍだって、凄まじい数のユーザーがいます。

こんなにたくさん集まっているお祭りに、無料で屋台を出せるんですよ。なぜやらないのでしょう？

ビジネスにＳＮＳをフル活用してください。

もちろん、なかにはビジネス利用が禁止されているＳＮＳもありますが、ズバリその場で「何かを売ってお金を稼ぐ」ことができなくても、１ステップ挟むことで規約違反することなくビジネスにも活用することができます。

例えば、アメブロはあからさまなビジネス利用は禁止です。でもそこでビジネス色のないしっかりとした記事を書くことで個人なり法人なりに興味を持ってもらい、そこから見込み客を獲得していくことは十分に可能です。

エステサロンを開業している人であれば、美容に関するニュースを紹介したり、最新の美容方法や、家庭でもできるセルフケアについての記事をアメブロに書く。これだと、価値ある情報を読者に提供しているだけの、ビジネス色がまったくないブログです。

そして、プロフィールに公式ホームページへのリンクを貼っておくのは当然として、個別記事の最後に「Ｆａｃｅｂｏｏｋでも最新の美容情報をお届けしています」とか「Ｆａｃｅｂｏｏｋ友だち募集中です」とか書いてＦａｃｅｂｏｏｋへのリンクが貼ってあれば、見込み客獲得につなげられますよね。

「アフィリエイト」は優れたビジネスモデル

インターネットを活用してレバレッジを効かせ、桁外れの数の見込み客にアプローチできるうえ、前章で触れた２大経費の人件費と在庫維持管理費をゼロにできる優れたビジネスモデルがあります。

それが「アフィリエイト」です。

アフィリエイトと聞くと「怪しいビジネス」だとすぐに拒絶する人が依然としてたくさんいることに驚かされます。アフィリエイトを怪しいと思う理由は「よく分からないものは怪しい」と考える日本人の精神性によるものでしょうね。

「アフィリエイトという言葉の意味がよく分からない。だから怪しい」「アフィリエイトって何をやるのか分からない。だから怪しい」というバカの短絡思考です。

アフィリエイトに怪しい要素などまったくありません。それどころか、**太古の昔から世界中で、100人いたら100人がやっていること**ですよ。自分自身が毎日のようにやっていることを「怪しい」と言うのですから、バカにも程があります。歯磨きは怪しいですか？　音楽を聴くのは怪しいですか？

「あそこのラーメン屋美味しいよ！」とか「このアーティストの新曲が最高だから聴いてみて！」とか「あのマッサージ店めちゃくちゃ上手だよ」とか友人に言ったことがないですか？

あるいは、「この本オススメです。ぜひ読んでみてください！」とか「銀座の○○というレストランでランチを食べました。安くて美味しくて最高。銀座に出かけたらぜひ行ってみてね！」とか「この映画は感動です。皆さんもぜひ観てください！」などとFacebookやブログに書いたことないですか？

この時点でほぼアフィリエイトなんですけど…。

どこが怪しいのでしょうか？

怪しいポイントがあるなら、教えてもらいたいくらいです。

例に挙げたような「オススメ」は誰もが毎日のようにやってますよね。

ここで考えてみましょう。

Aさんが通っている美容院があるとします。友人のBさんが「ねぇ、どこかいい美容院知らない？」とAさんに尋ねてきました。Aさんは「私はいつも○○ってところに行ってる。上手だよ～」とBさんにオススメします。そこでBさんはAさんオススメの美容院に行きました。

どこにでもある風景です。

でも、よく考えると気になる点がひとつあります。

美容院は常連のAさんの紹介でBさんという新規顧客を獲得できて嬉しい。また、Bさんも信頼できる友人Aさんからいい美容院の「情報」をもらってよかったですよね。もしAさんからの情報がなければ、自分で適当に選んで、下手な美容院に行ってしまう危険性もあったのです。さて気になるのは、美容院にもBさんにも貢献したAさんは？

Aさんはただ情報を口コミしただけになっていて、置き去りにされています。美容院からもBさんからも「ありがとう」と感謝はされるでしょう。でも、せめて実際に利益を得た美容院からは謝礼をもらっていいと思いませんか？　だって、Aさんは美容院の営業マ

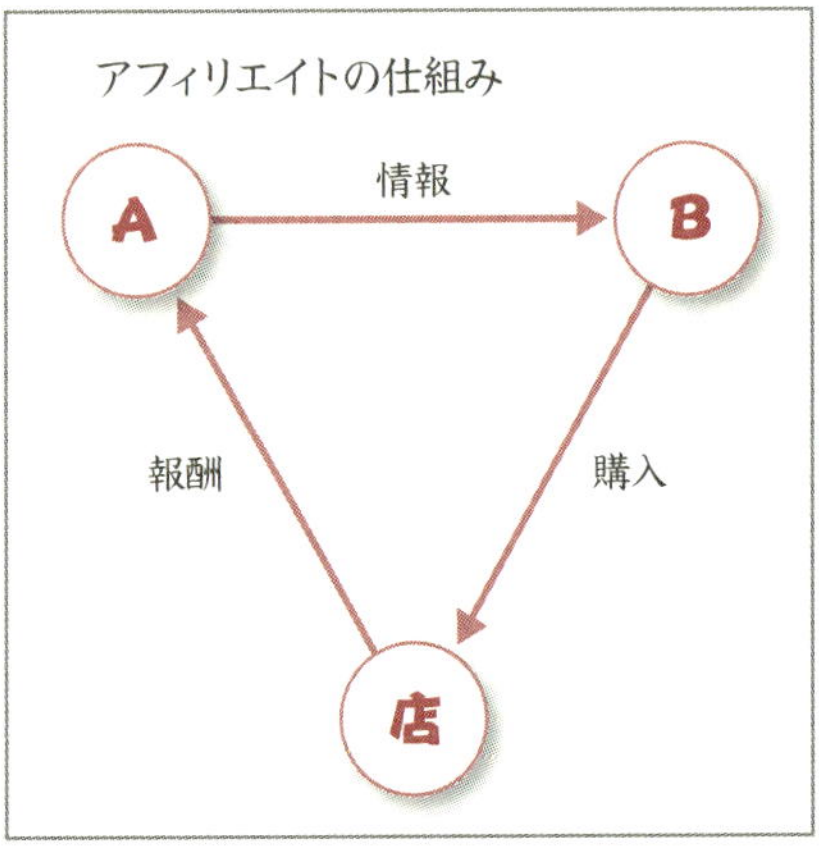

ンじゃないんですよ。実際、「友人を紹介してくれたお礼に20％オフ」とかやってる美容院だってたくさんありますよね。

別の例で考えてみましょうか。

Aさんが行きつけのラーメン屋がどれほど美味しいかを友人のBさんに語りました。Bさんは「そんなに美味しいなら行ってみるよ！」とラーメン屋に行ってみました。そしてラーメン屋のご主人に「ここによく来てるAさんの紹介で来ました」と何の気なしに話します。後日、Aさんがいつものようにラーメンを食べに行くと「こないだAさんの紹介でBさんが来てくれたよ。ありがとな。お礼に今日チャーシュー2枚サービスしとくよ！」と感謝されました。

美容院の例もラーメンの例もまったく同じようなケースです。しかも、日常的にどこででもあること。どこか怪しい要素がありますか？

これらは完全に「アフィリエイト」ですよ。

「アフィリエイト」とは商品を紹介することで謝礼をもらうこと。友人に美容院なりラーメン屋なりを紹介して、20％オフやチャーシューという報酬をもらう……どこからどう見てもこれらの事例は「アフィリエイト」です。

ビジネスとしての「アフィリエイト」は報酬を割引券やチャーシューでもらうのではなく現金でもらいます。そこに引っかかる人がいるのかもしれませんが、割引券もチャーシューも現金も同じことですよ。美容院に1万円支払うところが20％オフになるということは、2000円を現金でもらうのと同じことですから。チャーシューだってトッピング料金が本来100円だとすれば、その100円を現金でもらったのと同じです。

そもそも他人に「情報」を提供することで報酬を得るという部分に違和感がある人もいるのでしょうが、それは根本的に「情報」の価値が分かっていません。このあたりについては、まさに「情報」がテーマの第6章で詳しく見ていきます。

この「アフィリエイト」というビジネスモデルは非常によくできています。

まず「何かを売ってお金をもらう」際の「何か」が「他人の商品」ですので、在庫を抱える必要がありません。つまり、在庫維持管理費がゼロです。しかも、Ｆａｃｅｂｏｏｋやブログなどに「この本がオススメ！」「このダイエット商品いいですよ！」のように書くだけの作業ですから、1人でできるので人件費もゼロ。パソコンかタブレットかスマホがあればできるので、初期費用はそれを買う金額だけ。

とは言え、パソコンやスマホの1台くらいはすでに持っている人がほとんどではないでしょうか。だとすると、初期費用もゼロに等しい。SNSの利用も基本的には無料ですから、そこにもお金はかからない。そして、SNSで何千万人もの見込み客にアプローチできるので、まさに数千万人集まっているお祭りで屋台を出すようなものですね。経費を一切かけずに、レバレッジを効かしてビジネスができるのです。

「収入の柱をたくさん立てろ!」と第3章に書きましたが、例えばFacebookに「この本オススメだよ!」と書くなんて、サラリーマンや主婦や学生でも、プライベートな時間にできること。パルテノン神殿のようにたくさん立てる柱の一つにするには最適です。

アフィリエイトで得られる驚きの報酬

アフィリエイトでどの程度の報酬がもらえるのか気になりますよね。おそらくビックリすると思いますよ。

実例を挙げます。

以前に僕がアフィリエイトした商品のひとつに英会話の教材があります。テキスト１冊＋ＣＤ２枚組のリスニング用教材。信頼できるネイティブスピーカーの先生による科学的に裏打ちされた手法で、僕自身のリスニング習得理論にもピッタリだったので、「これはいい！」と思ってFacebookやメルマガで紹介しました。価格は１万２８００円です。

さて、ここで考えてみましょうか。

１万２８００円の英会話教材が１つ売れると、アフィリエイト報酬としていくらもらえたと思いますか？

試しに、セミナーでアフィリエイト未経験の受講生たちに同じ質問をしてみると、「１０００円くらいですか？」「20％で２５６０円が妥当でしょう」「多くても４０００円までてしょう」という意見。

実際の報酬額は１万２８００円の教材が１つ売れるごとに、なんと９０００円でした。

つまり、１万２８００円のうち、その教材を製作販売している会社の取り分は３８００円、紹介者の取り分が９０００円。**価格の70％以上がアフィリエイト報酬だった**のです。

「えーっ！　そんなに報酬を出して会社側は大丈夫？」と思いますよね？

だから稼げないんですよ。

冷静に考えてみてください。

テキスト1冊、CD2枚の原価なんて数百円です。最初はネイティブスピーカーの先生への謝礼がたくさん発生しているかもしれませんが、複製する段階ではおそらく1セット当たり200円にも満たないでしょう。

例えば1セットの原価が多く見積もって1000円だとしても、会社側としては、何もしないで1つあたり2800円の利益が得られるなら、よくないですか?

その英会話の教材を売るために営業マンを1人正社員で入れると、毎月20万～30万円の固定の人件費がかかります。だからと言って、その営業マンが英会話の教材をたくさん売るとは限りません。

実際、英会話の教材に関して言うと、正社員の営業マンが汗水垂らして何日もかけて営業回りして売るより、英語の先生が教室で「この教材オススメだよ」と生徒たちに薦めるほうがたくさん売れるに決まってます。あるいは英語系カリスマブロガーやアフィリエイターが「この教材は素晴らしい!」と言えば、たくさん売れるのは見え見えです。

もし、日本中の英語の先生たちが教室で「この教材はオススメ。リスニングやりたい人はぜひ買うといいですね」と言ってくれれば、もし日本中の英語系カリスマブロガーやアフィリエイターたちがこぞって推薦記事を書いてくれれば、売り上げは凄まじいことになりますよね。

そう考えると、**売るか売らないか分からない営業マンを正社員として雇うより、日本中の英語の先生や英語系カリスマブロガーやアフィリエイターがどうすれば紹介してくれるかを考えるほうがいい。**人件費削減になるばかりか、収益も増えますから。

英語の先生もカリスマブロガーもアフィリエイターも、生徒や読者に有益な情報を提供したいので、日々いろんな教材を探していますし、研究に余念がありません。つまり、いい教材であるのは大前提として、彼らがどうすれば他の教材ではなく自社の教材を、しかも熱意を持って「本気で」生徒や読者に推薦してくれるのか？　どう考えても、アフィリエイト報酬を高く設定するのが一番です。

アフィリエイターはもちろん、先生だってブロガーだって一人の人間です。自分がいいと思うものを推薦するとして、１万２８００円のものを売って報酬１２８０円であるのと、１万２８００円のものを売って報酬９０００円であるのでは、力の入れ方が変わるに決まっています。

教材会社としては、自分たちの取り分が減っても、営業マンを１人も雇うことなく、商品が勝手にどんどん売れて、結果的に大きい利益になる。しかも、後にその教材を買ってくれた人に対し、その会社が作っている別の英語教材をセールスすれば、その利益は総取りになりますから、利益はどんどん膨らみます。

そう考えれば、原価１０００円だとして１万２８００円の商品のアフィリエイト報酬を１万１８００円に設定してもいいくらいですが、このあたりは紹介者側が「紹介したくなる気持ち」のバランスと、会社側の目先の利益とのバランスです。９０００円というのはいい線ですね。紹介する側からすれば、本気で紹介したい気持ちになる。会社側からすれば、３８００円の取り分から１０００円の経費を引いて１セット２８００円の利益だとしても、１万セット売れれば２８００万円、２万セット売れれば５６００万円の利益になるうえ、それだけの数の顧客リストも揃う。お互いにハッピーですね。

この英会話教材の会社と同じように、**賢い企業はかなり高額のアフィリエイト報酬を設定しています。そうすることで、より多くの方が自社商品を紹介してくれることが分かっているからです。**また、雑誌やフリーペーパーなどに広告を掲載したところで実際に顧客が来るかどうかは未知数ですが、アフィリエイトであれば、成果に対して報酬を支払うので広告費のリスクがないという点も、販売者からすると大きなメリットです。

名前を聞けば誰でも知ってる有名企業だって、その多くがアフィリエイトという形で商品の拡販を行っているんですよ。

ちなみに、僕は「この英会話教材がオススメだよ」と紹介する記事をFacebookにあげたところ、記事１つだけで30万円以上の報酬を得ました。

では、別の角度からその商品を推薦する記事をもう一度書いたら？

今度は別の教材をオススメする記事を書いたら？

Facebookだけではなく、ブログでも紹介したら？

英語を勉強中の友人に「こんなのあるよ！」とメールで教えてあげたら？

たかが紹介料とバカにするなかれ。アフィリエイトによって得られる報酬は思いのほか大きいのです。

自分が「本当にいい！」と思うものだけを紹介せよ！

アフィリエイトを行う際に絶対にやってはいけないことがあります。それは、単に紹介料の高さに目がくらんで、自分がいいと思っていないものを紹介することです。

これをやっては「信用」を失います。

例えば、先に挙げた美容院の例で、Aさんがいつも通っているのは、本当は美容院Ⅰだけど、美容院Ⅱのほうが高額の紹介料がもらえるからという理由で、友人であるBさんに「Ⅱの美容院がオススメ！」と推薦したとします。

確かにそれでBさんがⅡの美容院に行けば、Aさんには高額の紹介料が入ります。しかし、もしBさんが美容院Ⅱでとんでもない髪型にされたら、「Aさんが薦めるから美容院Ⅱに行ったのに、おかげでひどい目にあった！　もう二度とAさんの言うことは信用しない！」と思うでしょう。つまり目先の報酬はもらえても、その先が二度となくなります。

でも、自分が「本当にいい！」と思っている美容院ⅠをBさんに勧め、目先の報酬は低くても、Bさんから「いい美容院を教えてくれてありがとう！」と感謝されたらどうでしょう。「ネイルサロンならここがいいよ！」とBさんに教えてあげると、きっとBさんは「Aさんが言うなら間違いない」と思って、そのネイルサロンに行くことでしょう。

もちろん、人には好みや相性がありますので、自分が「本当にいい！」と思うものを薦めても、相手が気に入らないことはありえます。Aさんは自分が「本当にいい！」と思っている美容院IをBさんに薦めたものの、Bさんが「うーん、イマイチ…」と思うことだってあるでしょう。でも、この場合は仕方ないと納得できますよね。でも、自分が本当はいいと思っていないものを推薦して「信用」を失ったら、やましさだけが残ります。

世間からアフィリエイトが「怪しい」と思われる一因に、自分が「本当にいい！」と思っていないものを推薦する一部の悪質なアフィリエイターの存在があるのは確かです。

アフィリエイトをする場合は、自分が「本当にいい！」と思っているものだけを推薦してください。そこさえ守っていれば、「おいしいラーメン屋見つけた！」「面白い本を読んだ！」と日常的に友だちと話してるのと、何ら変わらないことだと自信を持って言えますから。

オプトイン・アフィリエイトの脅威

上記の英会話教材の例のように、1万2800円の商品が1つ売れると、顧客から実際に支払われた1万2800円という代金の中から、その一部を紹介してくれた人にアフィリエイト報酬として支払うというのは、販売者からすると広告費のリスクがありません。

しかし、販売者が大きなリスクを抱える一方で、アフィリエイターにとっては上記の例よりもはるかに報酬を得やすい形のアフィリエイトが存在します。それがオプトイン・アフィリエイトです。

例えば、ダイエットプログラムを販売している会社が「自宅でできるダイエット体操」という動画を無料でプレゼントするキャンペーンを開催したとします。Aさんが友人のBさんに「ダイエット体操の動画が無料でもらえるよ！」と教えてあげて、Bさんがその無料動画を請求しました。先ほどの英会話教材の事例では、Bさんが販売会社に1万2800円支払って商品を購入しましたが、今回のケースではBさんは1円も支払っていません。ただし、販売会社からすると、無料の動画をプレゼントするためには、メールアドレスを教えてもらわないと送りようがありませんよね。

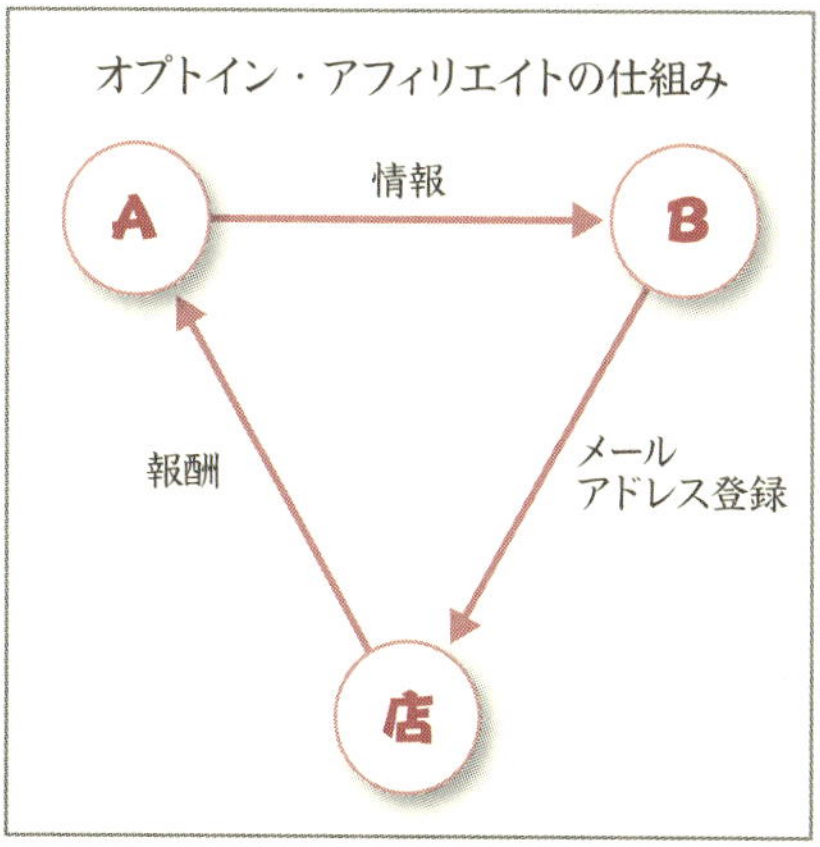

つまり、Bさんは自分のメールアドレスを書いて、「ここにプレゼントを送ってください！」と請求するわけです。この段階、つまり、Bさんが無料動画を請求してメールアドレスを登録した時点で、販売会社はAさんに「ご紹介いただきありがとうございます」ということで、紹介料を支払います。その額はメールアドレス1件につき300円～3000円くらい。500円～2000円のケースが多いですね。

「それじゃ、販売会社は大赤字になるじゃないか！」と思いますよね。はい、販売会社はまず大赤字になるのです。メールアドレス1件につき1000円の報酬を紹介者に支払うとして、1万件登録があれば1000万円の大赤字です。ただし、その紹介者への報酬支払い日は2か月後などに設定されていますので、すぐに払い出しがあるわけではありません。

販売会社は請求が届くと同時に、無料のプレゼント動画第1話をBさんに送ります。そして翌日に第2話を送ります。さらに翌日に第3話を送ります。こうして第3話まで無料プレゼントとして送った段階で「ダイエット体操を3日間やって、実際に少し効果が出てきたでしょう。この体操をプログラムどおりに30日続けていただくと、あなたの体型は見違えるように変化します。ダイエット体操30日プログラム1万9800円。ぜひお求めください」という具合に、テレビショッピングのようなセールスが入ります。

3日間試してみて気に入った人は購入するでしょうし、効果が感じられなかったり、そもそも途中でプレゼント動画を見るのを止めたりした人は、もちろん購入しないでしょう。無料プレゼントを請求した1万人のうち10%の1000人が購入すれば1980万円、20%の2000人が購入すれば3960万円の売り上げになります。**アフィリエイターへの報酬支払いが1000万円ありましたが、それを補って余りあるほどの収益が入ります**

ね。販売会社からすると、報酬支払い日は2か月後などに設定されていますので、キャッシュフローも問題ありません。

化粧品会社などがよくやっている試供品の配布に似ていると思いませんか？　試供品を配布し、試してもらって気に入ってくれたら、買ってもらうという戦略。化粧品の試供品だって、そもそも試供品を作るのにも配布するためのスタッフをアルバイト等で雇うのにも資金がかかるのですから、販売会社はまず大赤字です。でも、そのコスト以上に化粧品が売れて利益が出るから試供品配布を行うわけですよね。要は、それをインターネット上でやるイメージです。

このような試供品配布スタイルのアフィリエイトをオプトイン・アフィリエイトと言います。「オプトイン」とは「承認」の意思を相手に明示すること。Bさんが無料プレゼント動画の受け取りのために自分のメールアドレスを自ら入力するということは、「販売会社からのメールを受け取ることを承認します」ということを意味しますよね。そこから「オプトイン・アフィリエイト」と呼ばれています。

日本では2008年に特定電子メール法（通称「迷惑メール法」）が成立して以降、広告宣伝メールはオプトイン方式で配信することが義務づけられています。つまり、受け取る意思を自ら表明した人以外に、販売会社は広告宣伝メールを配信してはいけないのです。

そこで、きちんとした会社や店舗はホームページや店頭で「当社からのメールを受け取る」というアンケートに必ずチェックを入れさせています。しかし、ただチェックを入れる欄があるだけだと、煩わしさを嫌って拒否されることも多いですよね。だから無料プレゼントを請求してもらう形を取ることで、広告宣伝メールを受け取ることへの「承認」を得る事業者がたくさんあるのです。

そしてその延長線上で、商品力に自信があったり、セールス力が強かったりする販売会社は、オプトイン自体をアフィリエイトにするというオプトイン・アフィリエイトで「見込み客」を集めようとするのです。

アフィリエイターに成果報酬としてメールアドレス1件につき1000円というような広告費を支払っても、その報酬支払い日までにそれ以上の利益を出せばいいし、もっと言うと、多少資金に余裕のある会社であれば、収支がトントンとか赤字になったとしてもかまわないとさえ考えます。なぜなら、先ほどの例で言えば、ダイエットに1％も関心のない人は、たとえ無料でもプレゼントを請求するわけがありません。つまり、ダイエットプログラム販売会社からすると、メールアドレスを登録する人は全員が「見込み客」です。

たとえ今回のダイエット体操のプログラムを買ってくれなくても、次に販売するダイエット商品は買ってくれる可能性がありますよね。

覚えてますか、「ビジネスの規模＝見込み客の規模」。つまり、**「見込み客」が増えれば増えるほど、収益はどんどん大きくなる。そのことが分かっている販売会社はオプトイン・アフィリエイトを実施するのです。**

ただし、商品力が弱かったり、セールスが弱かったりする会社がオプトイン・アフィリエイトを実施すると、経営において致命的なダメージを受けるリスクがあるのは言うまでもありません。商品の売り上げがメールアドレス取得に対して支払う報酬より低いと赤字になりますから。逆に言うと、オプトイン・アフィリエイトを実施する会社は商品力のある商品、つまり「いい商品」を扱っていることが多い。要は、アフィリエイターとしては、その「いい商品」の試供品配布を手伝うことで、報酬を得るというイメージです。

さて、Facebookやブログに「この英会話教材オススメです！　1万9800円ですよ！」という記事を書いて、読者がそれを購入するのに比べて、「この英会話教材オススメです！　今なら無料で配布されてますよ！」という記事を書いて、読者がそのプレゼントを請求するほうが、圧倒的に成約率が高いのは当然ですよね。

Facebookで「友だち」としてつながっている人が1000人いるとします。あなたの記事を読んで、その0・1%である1人が無料プレゼントを請求すれば1000円、0・2%の2人なら2000円、1%の10人なら1万円、10%の100人なら10万円です。Facebook友だちが5000人いれば、0・1%が5人、1%が50人、10%が500人になる。500人が無料プレゼントを請求すれば50万円の報酬です。僕のFacebookの記事1つに対するオプトイン・アフィリエイトの最高記録は62万円の報酬。もちろん、Facebookだけではなく、ブログやメールマガジンでも紹介していきますので、1つの案件だけでも相当な報酬になります。

コンビニやファーストフード店や居酒屋などで1時間アルバイトをすると時給1000円前後ですよね。Facebookやブログに記事を書いて試供品を配布すると1000円、2000円、3000円……と入ってくる。収入の柱のひとつとして、オプトイン・アフィリエイトを組み込むのはよくないですか？

もちろん、オプトイン・アフィリエイトの場合でも、自分が「本当にいい」と思う商品の試供品だけを紹介することを心がけなければなりません。

「アフィリエイトやオプトイン・アフィリエイトのことはよく分かった。ぜひやりたいけど、具体的にどういう手順でやればいいの？」と思ってる方も多いことでしょう。これに関しても、各種解説本が多数出ていることからも分かるとおり、別の本が１冊書けてしまいます。ただ、ここで放置するのは読者の皆さんに対して不親切ですので、第４章でご案内した『お金を稼げる「感情操作」』と同様に、『アフィリエイトの具体的な手順と方法』について特別に撮り下ろした解説動画を【無料】でプレゼントします。実際にパソコンの画面を映しながら説明していますので、同じようにやっていただけば大丈夫です。

また、もちろん「アフィリエイトで成約率を上げていくノウハウ」もありますが、そのあたりに関しても動画の中で解説します。こちらが欲しい方は下記からお名前とメールアドレスを書いてご請求ください。自動返信にて動画をお届けいたします。

スペシャル動画講義『アフィリエイトの具体的な手順と方法、そして成約率を上げるノウハウ』を今すぐ入手する ⬇ izumi2@dome-ex.jp

アフィリエイトの弱点

在庫リスクも人件費リスクもなく、インターネットを活用してレバレッジも効かせられる、非常に優れたビジネスモデルの「アフィリエイト」にもひとつだけ弱点があります。月額課金型の塾やスクールなどへのアフィリエイトの場合は毎月継続的に報酬が入るものもありますが、そうでない限り、商品を紹介し続けなければならないということです。

AさんがBさんにオススメの美容院を紹介し、Bさんが使った金額から20％のアフィリエイト報酬を得たとします。Bさんがその美容院に今後行くたびに報酬がもらえるなら最高ですが、最初の来店分に対してしかアフィリエイト報酬が出ないことが一般的です。

すると、Aさんとしてはアフィリエイトで報酬を得続けるためには、「ネイルサロン

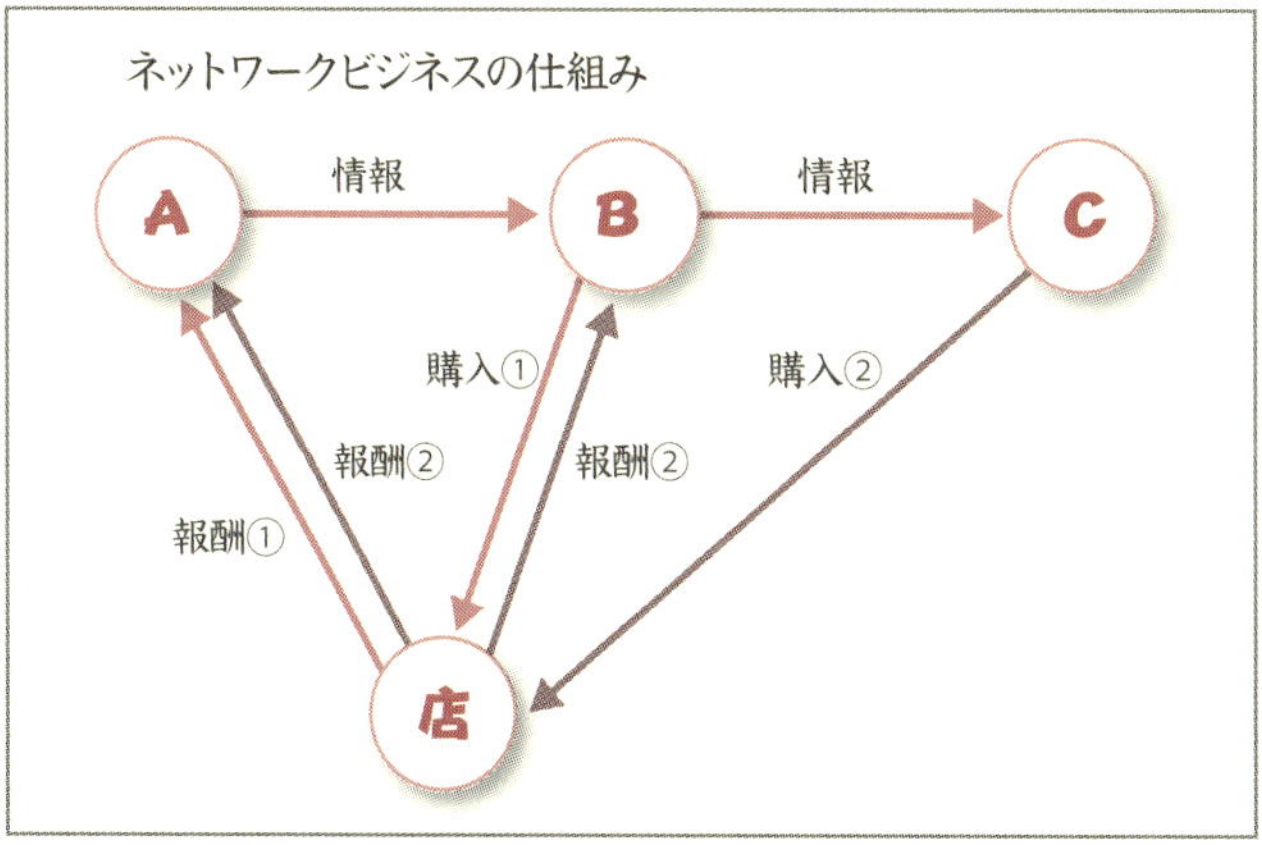

ならここがいいよ！」「ダイエットしたいならこのＤＶＤがいいよ！」というふうに、次から次へと商品を紹介し続けなければなりません。

ここで考えてみてください。

Ｂさんが美容院に行くごとに毎回報酬がもらえないのであれば、紹介の連鎖により報酬をもらえるようになれば嬉しくありませんか？

Ａさんの紹介でＢさんが美容院に通うようになりました。その後、Ｂさんが友人のＣさんに「いい美容院があるよ！」と薦めたところ、Ｃさんもその美容院に行きました。それによりＢさんはＣさんが使った金額から20％のアフィリエイト報酬を得たとします。でも、Ｂさんがその美容院を知ったきっかけはＡさんなので、ＡさんにもＣさんが支払った金

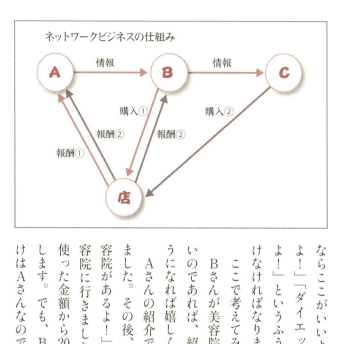

額から5％くらい報酬が入ってもよくないですか？　そしてCさんが友人のDさんに紹介して、Dさんがその美容院に行くと、Cさんに20％の報酬が入り、Bさんに5％の報酬が入り、そしてAさんにも3％の報酬が入る。こうなると最高ですよね。しかも、初回分だけではなく、Bさん、Cさん、Dさんが今後もその美容院に行くたびごとに、ずっと報酬が入り続けるとすればどうでしょう。

Aさんは「この美容院オススメ！」「この美容院すごいよ！」「この美容院最高！」と同じ商品をひたすらプッシュすればいいだけですよね。

これをそのままビジネスモデルにしたものがマルチレベルマーケティング（ＭＬＭ）、通称ネットワークビジネスです。

日本でネットワークビジネスが嫌われる理由

ネットワークビジネスは日本で嫌われる職業のダントツ1位ですよね。「ネットワークビジネス＝ネズミ講」というイメージが強く、それだけで毛嫌いする人も多いのではないでしょうか。ただし、ネズミ講は違法ですが、ネットワークビジネスは合法ですので、両者は似て非なるもの。つまり、単にネズミ講というイメージ以外にも、ネットワークビジネスが嫌われる理由があるはずです。このあたりについては『金持ち父さん貧乏父さん』（筑摩書房）で有名なロバート・キヨサキが非常に説得力のある説明をしています。

キャッシュフロー・クワドラントのどこにいたい?

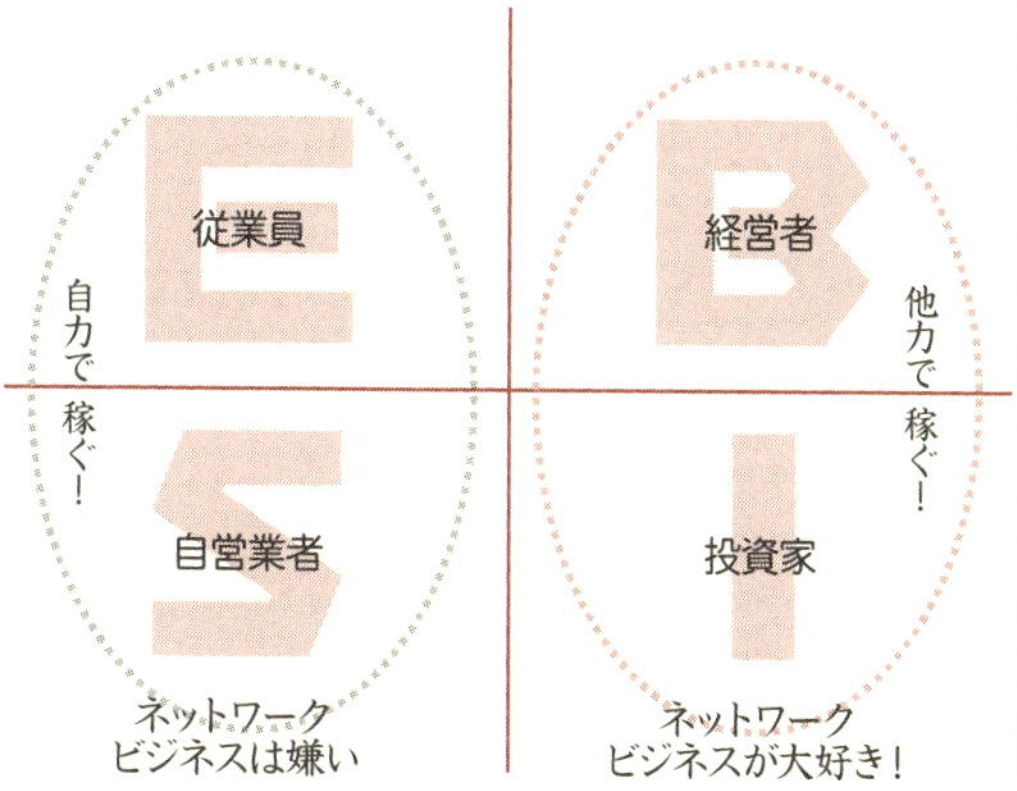

人間が収入を得る方法は大きく分けて4つしかありません。会社から給与を得る「従業員」、個人あるいは家族経営などで商売を行う「自営業者」、組織を大きくして事業を行う「経営者」、お金にお金を生み出させる「投資家」。これがロバート・キヨサキの言う「キャッシュフロー・クワドラント」、分かりやすい言葉にすると、「収入を得る4つの方法」です。

「従業員」が重視する価値観は「安定」。毎月同じ日に決まった報酬が入ってくるという「安定」があるからこそ、「従業員」をやるのですよね。

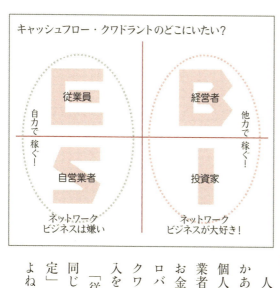

「自営業者」が重視する価値観は「独立心」。「大事なことは私がやる」という思考です。逆に言うと、仕事を他人に任せられない。だからこそ、次々と社員を入れて組織を大きくすることなく、個人ないしは家族だけのような形でビジネスを行うのです。

さて、ここで「従業員」が重視する価値観とネットワークビジネスの性質を重ねてみると、「従業員」はネットワークビジネスが嫌いに決まっています。なぜなら、ネットワークビジネスは、成果を挙げなければ報酬がもらえない点で、フルコミッションの営業マンに似ていますよね。成果を挙げられなくても安定的に報酬をもらえるから「従業員」をやるのです。そりゃあ完全成果報酬制であるネットワークビジネスはやりたくないですよね。

また、「自営業者」が重視する価値観とネットワークビジネスの性質を考えると、やはり「自営業者」はネットワークビジネスが嫌いに決まっています。なぜなら、仕事を他人に任せられないから「自営業者」をやるのです。そりゃあ組織を大きくしていかなければ報酬が伸びないネットワークビジネスはやりたくないですよね。

「経営者」や「投資家」と比べて、「従業員」と「自営業者」のほうが圧倒的に数が多いのは言うまでもありません。つまり、圧倒的多数派である「従業員」と「自営業者」が、自分たちの重視する価値観に合わなくて嫌いなのだから、「ネットワークビジネスは嫌だ！」という風潮が世間を覆うのは当然です。

これに対して、**「経営者」や「投資家」はネットワークビジネスが大好きです。**

「経営者」の重視する価値観は「ネットワークの構築」。組織を作っていくこと、それを大きくしていくことが好きだから「経営者」をやるのです。組織を大きくすればするほど報酬が増えていくネットワークビジネスは好きに決まってます。実際、「経営者」の代表格とも言うべきビル・ゲイツも「もし私が最初からやり直すとすれば、ネットワークビジネスを選ぶ」と公言しているくらいです。

また、「投資家」の重視する価値観は「少額の投資で巨額のリターンを得ること」。少ない初期費用とランニングコストで数千万円、数億円の報酬が得られる可能性のあるネットワークビジネスは好きに決まっています。実際、「投資家」の代表格であるウォーレン・バフェットもドナルド・トランプも「もし仮にお金がなくなって、ゼロからやり直すことになったとしたら、これから成長するいい会社を見つけてネットワークビジネスをやる」と言ってるのです。

「経営者」「投資家」は自分たちが重視する価値観に合致するのでネットワークビジネスが大好き、「従業員」「自営業者」は自分たちが重視する価値観に合致しないのでネットワークビジネスが大嫌い。圧倒的多数は後者。だから世論は当然、「ネットワークビジネスは嫌い」になるのです。

ネットワークビジネスを誰もがやる時代

「従業員」「自営業者」で何の問題もなく生きていける時代であれば、「ネットワークビジネスは嫌い」でよかったのです。しかし、序章でも言及したように、日本の置かれている経済状況はすでに惨たんたるもの。「従業員」としての給与だけでは最低限の支出すらまかなえなくなってきています。「安定」を求めて「従業員」になったのに、いつ会社が潰れたり、クビになったりするとも限らないような不安定な状況に怯える日々ですよね。「自営業者」の状況もひどいものです。シャッターが完全に閉まって廃墟のようになってしまった商店街が日本中にどれだけあることか。

誰もが収入の柱を複数持たないと不安な時代に突入しています。「従業員」も会社から得る報酬とは別に、「何かを売ってお金をもらう」ことをやらなければならない。つまり、「従業員」も何か商売を、言い換えると、「自営業者」を始めなければならないのです。また、

「自営業者」も自分の本業としての商売だけでは生活が苦しいとなると、他にも「何かを売ってお金をもらう」ことをやらなければなりません。

しかし、ここで大きな問題があります。何か自分で新しい商売を始めるには初期費用が必要です。小さな飲食店を始めるにしても、店舗を借りて、内装を施し、機材を入れて…と、開業準備だけでも数百万円から1千万円の初期費用が要る。でも、その資金を持ってないから自分で商売を始められないんですよね。もちろん開業したら開業したで、仕入れを始めとした様々な必要経費で毎月数十万円から数百万円というランニングコストもかかります。

でもネットワークビジネスなら、初期費用は数千円から数万円。どんなに多くても20万円前後で商売を始められます。権利維持のため毎月商品を自分でも購入するというオートシップがありますが、それにしたって1万円とか2万円くらいのもの。言い換えると、ランニングコストが1万円～2万円ということです。たったそれだけの費用で既存の組織を利用する形で、自分の商品を持って販売する、つまり「何かを売ってお金をもらう」ことができるようになる。

自己資金のない「従業員」や「自営業者」が「（本業とは別の）何かを売ってお金をもらう」

には、「他人の商品を売ってお金をもらう」アフィリエイトか、ネットワークビジネス以外の方法がないのです。

「ネットワークビジネスは嫌い！」という風潮は間違いなくもう何年かすれば変わります。「ネットワークビジネスは嫌い！だけど、やらなきゃ仕方ない」になって、そのうちみんながやり始めると「ネットワークビジネスはやって当たり前」になるのです。

21世紀のパーフェクトビジネスモデル

ネットワークビジネスは、「従業員」が少額の初期費用ならびにランニングコストで「自営業者」に移行できる。そして、「自営業者」から「経営者」に移行するために必要な能力、つまり、組織を育てる力を養うことができる。さらには、「投資家」に移行するためのまとまった資金を作る可能性も開けている。

このようなことから、ロバート・キヨサキはネットワークビジネスを「21世紀のパーフェクトビジネスモデル」と呼んでいます。

僕自身も20代の頃からずっと、「ネットワークビジネスは非常によくできたビジネスモデルのひとつである」と認識していました。ただし、嫌いな人が圧倒的に多いビジネスをわざわざやることで、他の仕事に差し障っては困るという理由から、一切やっていませんでした。しかし上述したように、ネットワークビジネスを嫌っている人たちもやらざるをえない社会情勢になりつつあると考え、２０１５年に入る頃に着手してみました。

実際にやってみて分かったことがいくつかあります。

ネットワークビジネスに「怪しさ」がつきまとういちばんの原因は、実際にはたいして稼いでいない人が「これをやったら稼げる」という観点で組織を広げようとすること。「『これをやったら稼げる』と言ってる張本人が稼いでないじゃないか！」と突っ込みたくなります。実際にお金を稼いでない人がそう言っても、何の説得力もなければ、ただただ胡散臭く聞こえるだけ。既存のネットワークビジネスのネットワーカーのほとんどが失敗している大きな原因であり、同時に、ネットワークビジネスの「怪しさ」を増長させている最大の要因はここです。

ネットワークビジネスの商品は「口コミ」で広げることを念頭に商品開発されているので、実際のところ、どこの会社の商品も非常に商品力が高い。要は「いい商品」なんですよね。だから単純に「これいい商品だよ！」とオススメすればいいだけ。「これで稼げる」なんて言う必要ないんです。自分が「本当にいい！」と思うものを他人に薦めればいいだけなので、本質的にはアフィリエイトとまったく同じ。「あの店のラーメンおいしいよ！」

と友だちに話すのと一緒です。

そして、ネットワークビジネスは、インターネットとは違う形ですが、同じレベルでの強烈な「レバレッジ」が効きます。

インターネットをビジネスに活用することは、いわば人がたくさん集まっているお祭りで屋台を出すようなものですが、ネットワークビジネスの場合は、友だちの、そのまた友だちの、さらにその友だちの……という具合に広がっていくという意味での「レバレッジ」。「６人たどれば世界中の誰とでもつながる」と言われていますが、６段下まで広がれば世界中の人につながってもおかしくないということ。これはインターネットに匹敵するほどの凄まじい「レバレッジ」です。そうであるがゆえに、大きな収入につながりやすいのも確かですね。

そして、**インターネットとネットワークビジネスの両者を組み合わせると、「レバレッジ」という観点で最強のビジネスモデルが生まれます。**

「ネットワークビジネスをやると友だちを失くす」とよく言いますよね。もちろん強引な勧誘が原因です。「あの店のラーメンおいしいよ！」ならどこにでもある日常会話ですし、友だちもその情報に興味を持つでしょう。だけど、「あの店のラーメンは絶対に食べろ！

しかもそれを紹介したら稼げるんだぞ。どうして食べないのか意味が分からない。いいから食え！」と強引に口元に運ぶと、嫌われて当然です。

しかも、そうやって次々と友だちの口元にラーメンを無理やり運び、みんなから嫌がられ、現在進行形の友だちが離れていくと、次はもう何年も会っていない中学時代の同級生を呼び出し、同じように強引にラーメンを食べさせようとする。

はっきり言います。

バカもほどほどにしろ！

これでは友だちをなくして当然です。

しかも、よくできたビジネスモデルなのに、その印象を悪くするばかりで、他のネットワーカーに迷惑をかけています。

普通に「このラーメンおいしいよ！」「この水は健康にいいよ！」「この化粧水いいよ！」でいいじゃないですか。

しかも、インターネットの時代になって「友だち」の概念が変わってきています。かつては「友だち」はリアルに会ったことのある人だけで、『一年生になったら』の童謡にもあるように、友だち100人できればすごいことでした。でも今はFacebookで「友だち」が5000人作れます。TwitterでもInstagramでも「フォロワー」という友だちを際限なく作れます。SNSを使えば、友だち数千人だって数万人だって可能な時代です。インターネットで、アフィリエイトするのと同じように、「この化粧水いいよ！」「この水おいしいよ！」と書けば、いったいどれほどたくさんの人に伝えられると思いますか？

特定商取引法やネットワークビジネスの各会社の方針がありますので、そこをきちんと確認してルールを遵守しながら気をつけてやるのは当然として、多少の制約を差し引いても、**インターネット×ネットワークビジネスの2大レバレッジの掛け算は「21世紀のパーフェクトビジネスモデル」と言っても過言ではありません。**

僕は、第2章でもご紹介した蝶乃舞さんをはじめ、アフィリエイトや各種インターネットビジネスで成功している人たちと一緒に、現在世界でもっとも勢いのあるネットワークビジネスの会社を選んでやってみました。

その結果、世界130か国に50万人以上いるディストリビューターの1年間の売り上げランキングで、僕と蝶乃舞さんが1位と2位で表彰されました。ワンツーフィニッシュです。ちなみに、他の世界中のディストリビューターが1年かけて積み上げた数字を超える売り上げを、僕はたった2週間で作りました。もちろん、身近な友だちをネットワークビジネスのセミナーに強引に勧誘したこともなければ、学生時代の友だちに電話したこともありません。アフィリエイトやネット通販をはじめとしたインターネットビジネスの手法を用いつつ、経営者としていつもやってるような組織作りや教育を施しただけ。

本章の冒頭で言及したように、「顧客数」を激増させるためにレバレッジをかける方法は「インターネットの活用」か「ネットワークビジネス」しかありません。その2つの掛け算で「レバレッジ」をかけると、「顧客数」は異次元のスピードで増えて当然なのです。

第6章

お金を稼げる「情報」

人生を左右する情報の価値について知れ！

「情報」の持つ計り知れない価値に気づいていますか？

ビジネスで「お金を稼ぐ」にも、投資で「お金を増やす」にも、「情報」は命です。

同じことをやっているのに、報酬をもらっている人と、もらっていない人がいます。

同じように銀行預金しているのに、0・02％の利子をもらっている人と、10％以上の利子をもらっている人がいます。

「知ってる」か「知らないか」――

ただそれだけのことが、人生を大きく左右する。

お金を稼ぐ人であれば誰もが重視する「情報」について教えていきます。

「知ってる」か「知らない」かは天地の差

Ｆａｃｅｂｏｏｋやブログでまったく同じことをやっているのに、報酬を得ている人とそうじゃない人がいることをご存知ですか？

例えば、「この本オススメです！」と書いてＡｍａｚｏｎや楽天ブックスのリンクを貼る。やったことのある人は多いですよね。これでお金をもらっている人と、同じことをやってるのに、お金をもらっていない人がいます。実はＡｍａｚｏｎや楽天にもアフィリエイトのプログラムがあり、そこに登録している人は自分の報酬になるリンクを発行できるのです。つまり、Ｆａｃｅｂｏｏｋで同じようにオススメの本を紹介してＡｍａｚｏｎへのリンクを貼っていても、報酬が発生するリンクと発生しないリンクがあるんです。そして、Ａｍａｚｏｎ

でも楽天でも、本だけじゃなくCDやおもちゃなどから家具や家電製品に至るまで、ありとあらゆる商品が販売されています。つまり、「この掃除機オススメです!」でも「SMAPの新曲よかったですよ!」でも、報酬が得られるのです。

アフィリエイトを知ってる人にとって、これは常識とも言うべき「情報」ですが、アフィリエイトをやったことがない人にとっては目からウロコですよね。

また、**アフィリエイトには「キラー広告」というものが存在します。成約率が凄まじく高く、しかも報酬も高いので、その商品を紹介すると漏れなく稼げる案件のこと。**無数にあるアフィリエイト案件の中で、「キラー広告」がどれか知りたいと思いませんか?

その商品を気に入っているのを大前提として、どうせ紹介するのであれば、「キラー広告」を紹介すれば、同じことをやっても収入は激増します。「知ってる」か「知らない」かの差って、あまりにも大きいですよね。

前章でアフィリエイトを紹介したので、それにまつわる例を2つ挙げてみましたが、アフィリエイトに限らず、どんなビジネスにおいても、知ってるのと知らないのとで、収入が天地ほど変わる「情報」があります。株やFXや不動産をはじめとした投資案件に至っては「情報」こそがすべてと言っても過言ではありません。

「情報」の価値が分からないバカ

日本人は「情報」の価値を甘く見すぎです。目に見える商品じゃなければ、価値を感じられない大バカ者があまりにも多すぎて、呆れ果てるほど。

以前に異業種交流パーティーに参加した時のこと。初対面と思われる男性2人が僕の近くで会話しているのが聞こえてきました。話の内容から察するに、Aさんは弁護士、Bさんはサラリーマンです。

名刺交換をしてAさんが弁護士とわかると、Bさんはおもむろに「弁護士さんですか！実は父が先月亡くなったのですが、相続をめぐって兄と喧嘩になっていて…」と悩みを打ち明け始めます。そして「こういうケースではどのように法的に対処していけばいいのでしょうか?」と解決策を求めました。

僕は「おいおい、万引きしてることに気づけよ!」と思わずにはいられませんでした。弁護士にとって法律相談は商品です。もしかしたらそのパーティーに来る前にも、弁護士事務所でクライアントから同じような相続のトラブルに関する相談を受けていたかもしれません。そこでは当然ですが、1時間あたり5000円のような形での費用が発生しているはずです。そう考えると、Bさんがやってることは完全に万引きですよね。

例えば、同じようにパーティーで出会った相手が洋服屋だとします。「洋服屋ですか!洋服ください」と言いますか? 言うわけないですよね。洋服屋にとって洋服が商品であるように、弁護士にとって法律相談は商品です。両者の違いは、目に見える商品か、目に見えない商品かということ。どちらも価値ある商品で、代金を支払わなければ入手できないものであることには変わりありません。

Aさんが少しだけ解決のヒントを提示したうえで、「詳しい相談は事務所にいらしてくださいね」と言うと、Bさんはあからさまに不満そうな表情を浮かべました。Bさんは「法律に関する知識」という「情報」に大きな価値があり、本来なら対価を支払わなければならないことに、まったく気づいていません。他ならぬ自分自身がその「情報」を喉から手が出るほど欲しがっているのに。

程度の差こそあれ、Ｂさんと同じような感覚の日本人が本当に多いことに辟易します。

「情報」の計り知れない価値

「情報」には計り知れない価値があります。

だからこそ、「この商品がオススメ！」という「情報」を売ってお金をもらうアフィリエイトというビジネスモデルが成立するのは当然のこと。「情報」を売ってお金をもらうことに対する罪悪感なんて感じる必要がありません。

ちなみに、本書を読んでいるあなたは、今まさに「お金を稼ぐノウハウ」という「情報」を僕から買ってるんですよ。

「情報」が氾濫する時代であればあるほど、「情報」の価値はますます大きいものになります。目に見える商品だけでなく、「情報」という目に見えないものにも、凄まじい価値があることを認識してください。

正直言って、**ビジネスでも投資でも、上質な情報を持つか持たないかがすべて**だと言っても過言ではありません。どれほど株の勉強をしても、日本でもっとも株で稼いでいる人が購入している銘柄を知っている人に敵うわけがない。どれほど不動産の勉強をしようと、「3年後にこの場所に駅ができる」という情報を持っている人には敵わないのです。

「情報」は上流から下流に流れる

「情報」の価値が分かればなおさら、質の高い情報を入手したい気持ちは強くなりますよね。

要は、「オイシイ話」が欲しいのです。

ところで、「オイシイ話がある!」というふうに、誰から言われた経験が一度や二度はありませんか?

残念ながら、その「オイシイ話」は嘘ですよ。

「オイシイ話」が易々と手に入るところにあるわけがありません。

年収200万円の人が「オイシイ話がある!」と言ってきたとして、それを信じること自体がナンセンス。なぜその人に「オイシイ話」が入ってくるんですか? そんなわけないですよね。

「情報」の流れ方のメカニズムについて説明します。

「情報」は川と一緒で上流から下流に流れます。あらゆる情報は最初に最上流のポイントに入ってくるのです。そして最上流のポイントにいる人たちが「これはいい！」と思う「最上流の情報」を取って、不要な情報を捨てます。そして、次の層にいる人たちが、流れてきた情報から「これはいい！」と思う情報を取って、不要な情報を捨てます。そして、その次の層にいる人たちが、流れてきた情報から「これはいい！」と思う情報を取って、不要な情報を捨てます。これが繰り返されるので、巷でどこでも誰でもが無料で入手できる情報はカスしか残っていません。

では「オイシイ話」は存在しないのかというと、そんなことはない。「オイシイ話」は確かに存在しています。でもそれは上流のポイントにいる人たちしか入手できないのです。

テレビなどでもおなじみの著名な億万長者である株式会社ストーンマーケットの中村泰二郎社長と一緒に食事をした時のこと。中村社長が「0から1000万円作るまでがいちばんしんどかったけど、その後はどんどん楽になるよね。人脈と情報でお金が勝手に増えていく」とおっしゃいました。

億万長者は誰もがこの発言に共感するでしょう。

確かにそのとおりなのです。

お金を稼げば稼ぐほど人脈が変わり、人脈が変わると入ってくる情報が変わります。そして、ステージが上がれば上がるほど、その情報の質がどんどん高くなっていくのです。

「オイシイ話って本当にあるのかな？」という疑いが、「世の中オイシイ話ばかりだなぁ」という確信に変わります。仲間たちと一緒に食事をしながら、「どうしてこんなにオイシイ話がいっぱいあるんだろう。また稼げちゃうね」と1年のうちに何度口にすることか。

世の中は不公平だと思いませんか？

間違いなく、完全に不公平です。

序章でも言ったとおり、この社会のルールは金持ちに都合のいいように作られています。金持ちはさらに金持ちに、貧乏はさらに貧乏になるようにできているのです。

話を戻すと、「情報」は上流から下流に流れます。僕の体験的な実感からしても、これは間違いありません。

つまり、いかに最上流のポイントで「情報」を入手するかが重要なのです。

第2章で言及したように、億万長者になるには、億万長者と友だちになるのが最短距離というのが、身にしみて理解できたのではないでしょうか。

「最上流の情報」がいつの間にか気づいたら流れて来るなんてことはありません。自らつかみ取りに行かなければならないのです。本書を読んでいるというのは間違いなくその大きな一歩を踏み出しています。

そんな読者の皆さんに**僕から究極のギフトを贈ります。**今すぐ下記より空メールをお送りください。自動返信にて『最上流のポイントで最高の情報を入手する方法』を動画にてお教えします。もちろんこの動画は【無料】です。僕からのこれ以上ないギフトです。さすがにこの動画だけは規定数に達したら削除いたしますので、ご了承ください。

「最上流の情報を入手せよ！」
⬇
izumi3@dome-ex.jp

ネットハイエナに注意せよ！

「情報」がテーマの本章最後に、インターネット時代だからこそ気をつけなければならない、ネットハイエナの手口についてお教えします。

インターネット上の記事を読むにあたり、あなたはどちらを信じますか？

①顔も名前も出している人が書いている記事
②顔も名前も出していない匿名の記事

考えるまでもなく、①の「顔も名前も出している人が書いている記事」ですよね。しかし、ネットハイエナの巧妙な手口によって、日本人の多くが②の「顔も名前も出していない匿名の記事」のほうを信じて、騙されてしまっているのです。

例えば、インターネット上で気になる商品を見つけたとします。すると、人間は大きく次の3パターンの反応に分かれます。

A「これ欲しい！」と即座に購入する。

B「こんなのありえない」と即座に拒否する。

C「これ良さそうだなぁ…でも大丈夫かな…」と迷う。

商品の性質やホームページのクオリティにもよりますが、一般的にはAのパターンが10％、Bのパターンが10％、Cのパターンが80％といわれています。要は、ほとんどの人が「迷う」のです。

さて、迷った人が次にどういう行動をとるか分かりますか？　GoogleやYahoo！などの検索エンジンで検索するのです。

商品名やそれを作っている人や会社名などを入力して検索します。すると、検索結果として様々なサイトが出てくる。そこで、迷っている人はどういう記事を探していくでしょうか？

人間の心理を考えると、答えは簡単。

自分が気になって検索した人や商品を批判している記事です。

つまり、検索結果の上から順にサイトを開いていき、褒めている記事が出れば次、また褒めている記事なら次……という具合に、批判記事が見つかるまで探していきます。

そして批判記事を見つけたら、「よかった、買わなくて。危うく騙されるところだった」とホッとするのです。

ネットハイエナはその「ホッ」とした隙に付け込んできます。

批判記事のほとんどは書いている人の顔も名前も出ていません。つまり、匿名の記事です。そして、「この商品なんて使ったところで効果はない。こんなのは詐欺商品だ。騙されなくてよかったですね。本当にいい商品はコレですよ」というふうに、類似の別の商品に誘導して、自分の商品を買わせる。

これがネットハイエナの典型的手口です。

実はこれ、インターネット黎明期からある販売手法なんですよ。

人気のある会社、知名度の高い人、話題の商品などに当然ですが顧客は群がります。そして、顧客の大半は人気商品のウェブサイトを見たときに、「欲しいけど、大丈夫かな…」

と迷うのです。そして、迷った人は検索して批判記事を探すという行動に出るので、とにかく闇雲に批判する記事を書いておいて、「本当にいいのはコレだよ」と自分が売りたい商品に誘導することで、人気の会社や商品に群がる顧客を奪っていく。もちろん、その批判は嘘八百を並べているため、訴えられるとマズいですよね。だから名前を出せないので、匿名か偽名です。もちろん顔写真なんて載せられるはずがありません。

このような感情と行動の連鎖のなかで、「顔も名前も出している人が書いている記事」ではなく、「顔も名前も出していない匿名の記事」を信じてしまうのです。

知名度の高い人をインターネットで検索すると、「詐欺」だの何だのと書いた記事がたくさん出てくるのは、他人を叩いて自分の商品を売るという腐ったネットハイエナの手法がまかり通っているから。驚くべきことに、「どのように叩けば、より自分の商品が売れるか」を教えている塾さえあるくらいなんですよ。

日本人のほとんどがこれに騙されています。

僕の会社の税理士でさえも、僕がある著名な方とジョイントした時に、「この方はネットに詐欺とたくさん書かれてますから、ジョイント案件はやめたほうがいいんじゃないですか？」と言ってきたくらいです。

「この人は間違いなく信頼できます。詐欺と書いてる記事をよく読んでみてください。匿名で顔も出さず、叩くだけ叩いて、自分の商品に誘導してるだけですから」と諭したところ、翌日に「おっしゃるとおりでした」と言ってきました。

知名度のある人や会社ほど、インターネット上には「詐欺」と書かれています。そういう場合は、その記事をよく読んでみてくださいね。匿名で顔出しもなく、叩いて自分が売りたい商品へ誘導しているだけですから。

もちろん僕の名前を入れて検索しても、「詐欺」と書かれた記事がたくさん出てきますよ。さあ、こうして顔も名前も会社名も出していて、大学で先生をやっていて、本も現時点で55冊出版していて、テレビなどのメディアにも堂々と顔出し、名前出しで出演している僕の言うことと、顔も名前も出さずに他人を叩き倒して自分の商品に誘導しているネットハイエナたちが言うことと、どちらに信憑性があるでしょうか？

まっとうな人、まっとうな会社は、他人や同業他社を闇雲に叩いて自社商品を売るなんてことをやるはずがありません。**くだらない「情報」を掴まされないでくださいね。結果的に「稼げない」最悪のカス情報をつかまされる羽目になるのでご注意を。**

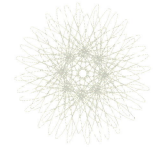

第7章

お金を稼げる「お金の使い方」

お金を稼ぎたいなら、お金を使う技術を身につけろ！

「お金を稼ぐ」ためには「お金の使い方」を学ばなければなりません。
「お金の使い方」がうまい人は、加速度的にお金を稼げるようになります。
その一方で、「お金の使い方」が下手な人は、加速度的にお金を失っていきます。
お金を稼ぐ技術と同じレベルで、お金を使う技術が大切なのです。
ケンブリッジ大学留学中に恩師から教わった「お金の使い方」を教えていきます。

「投資」か「消費」かを意識せよ！

「お金は使えば使うほど稼げる」とよく言われます。

これは半分正しく、半分間違い。

確かに、お金を使えば使うほど稼げるのは事実です。お金を稼ぐには、お金の使い方が大事。だからこそ、本書でもこのように「お金の使い方」をテーマにした章を設けているくらいです。

でも、何でもいいからお金を使えばいいわけではありません。

例えば、稼いだお金を使ってキャバクラなどで豪遊して楽しむ。これはただの「消費」

です。「浪費」と言ってもいいくらい。もちろん息抜きとしてたまに楽しむくらいはかまいませんが、毎晩キャバクラで遊んでいるだけで、遊べば遊ぶほどお金を稼げるようになるわけがありません。

「消費」ではなく「投資」に使うのです。「投資」に使えば使うほど、お金は稼げるようになります。

「投資」は必ずしも株やFXなどの金融投資や不動産投資だけを指すわけではありません。もちろん、金融資産や不動産への投資は、お金を増やすために使うのですから、文字どおり「投資」です。いい投資案件があるなら、使えば使うほどお金は増えていきます。

しかし、ここで言う「投資」はそれだけではないのです。要は、「増やすために使う」のか、そうじゃないのかが大きなポイント。増やすために使うのであれば、それは全部「投資」、そうじゃなければ、それは全部「消費」です。

例えば、**英語を話せるようになれば給与が上がることから、英会話教室に通う。これは「投資」です。**英会話教室に行くのに50万円使ったとしても、英語が話せることで給与が5万円増えるのであれば、英会話教室にかかった費用は10か月でペイして、それ以降はずっとプラスになりますよね。

例えば、**カッコイイからというだけの理由で、趣味として3000万円のフェラーリを買うのは完全に「消費」です。**

同じように、ただ乗りたいからというだけの理由で8000万円のロールスロイスを買うのは、もちろん「消費」です。しかしそれが日本に2台しかないロールスロイスで、それを目当てにメディアの取材が来ることによる広告効果とそれによる収益増を見込み、あえて3000万円のフェラーリではなく、8000万円のロールスロイスを買うのであれば、それは完全に「投資」。これは「秒速で億を稼ぐ男」として世間を賑わせた与沢翼さんの実例です。

いくつか例を挙げてみましたが、要は、**何にお金を使うかによって「消費」か「投資」かが決まるのではなく、どういう目的でお金を使うのかによって、「消費」か「投資」かが決まる**のです。

また、第2章で挙げた僕の秘書のタワーマンションの事例を覚えていますか？「そこに住むのが夢だった」という理由で支払う家賃30万円は「消費」です。しかし、彼女がそのタワーマンションの会議室やラウンジを資産として活用し、お金を生み出し始めた時点で、家賃の30万円は「投資」に変わりました。一方、彼女がタワーマンションに住むことに反対していた友人のアパートの家賃5万円はずっと「消費」です。

このように、金額の大小が「投資」か「消費」かを決めるわけでもありません。この場合で言うと、家賃5万円を「消費」している秘書の友人はお金を増やせませんが、家賃30万円を「消費」から「投資」に変えた秘書はどんどんお金を増やしていきます。

「消費」すればするほどお金はなくなり、「投資」すればするほどお金は増えるのです。

大事なことは、自分がお金を使う際、それが「投資」なのか「消費」なのかを常に意識すること。そして、「投資」のために使う金額をどんどん増やすことなのです。

「価格」ではなく「価値」でお金を使え！

僕がケンブリッジ大学に留学している時のこと。「学生時代のうちに超高級ホテルや最高級のレストランに行く経験をしておきなさい」と恩師から指導を受けました。

世界最高峰の大学のひとつであるケンブリッジ大学で学んだ人たちは、卒業後すぐに社会的地位の高い方々と仕事をする環境に入ることも多いです。

例えば、上場企業の取締役や政府高官などがファーストフード店や街のカフェでミーティングするわけがありませんよね。商談や会食の場が超高級ホテルのラウンジや最高級レストランになることもよくあります。しかし、そういう場所は行き慣れてないとオドオドしてしまうもの。ホテルの入口でポーターが案内してくれる際に挙動不審になってみたり、中に入ったら入ったで「このソファ座っていいのかな…」と落ち着かない様子で立ってたり。これでは、商談相手に対する印象を悪くする可能性があります。「こういう場所に慣れていないということは、普段どういう人たちと仕事をしているかが推し量れる。この人を信用して大丈夫なのか…」と相手から思われても仕方がないのです。だからこそ、そういう場所に行き慣れておく必要がある。そういう場所での「堂々とした態度」や「余裕ある姿勢」が身につくからです。

僕は留学中にロンドンのホテルリッツによく行ってました。もちろん当時はそんな高級ホテルに泊まれるようなお金はありませんでした。でも、ラウンジでアフタヌーンティーをするくらいのことはできます。料金は約5000円。確かに紅茶とスコーンやサンドイッチだけの値段にしてはものすごく高いですよね。学生にとってはなおさらです。でも、それで「経験」を買えるとしたら安いもの。さらには、結果的に、将来に役立つ「堂々とした態度」や「余裕ある姿勢」が身につき、もしかしたら、「将来の商談相手への好印象」まで買えるのですから、5000円は超お買い得です。

近所のカフェに行って紅茶を飲めば1杯500円。10回行くと5000円。では、その5000円で得られるものは何でしょうか。「のどの渇きを10回潤す」「ちょっと一休みを

10回」くらいじゃありませんか？

単に値段が高いか安いかという「価格」だけを見てお金を使うのではなく、それで何が手に入るのかという「価値」を考えてお金を使うのです。それを心がけていれば、無駄な「消費」がなくなり「投資」が増えていく。すると資産が増えて、どんどんお金を稼げるようになるのです。

「お金」は先行投資した者勝ち

僕は20代で社会的地位もまだ低くてお金がない時にこそ、飛行機に乗る時にはビジネスクラスに乗っていました。国際線に乗る場合は必ずと言ってもいいくらい。それも格安の航空会社ではなく、ナショナルフラッグと言われている高級な航空会社をあえて選ぶのです。

もちろん価格は高いです。日本からロンドンまで日本航空や全日空、あるいはブリティッシュ・エアウェイズのビジネスクラスで行くと、往復１００万円前後はします。格安航空券を買えば10万円以内です。お金もないのに前者を選ぶのが、単なる見栄であれば「消費」

ですよね。でも僕は確固たる目的を持ってビジネスクラスに乗っていました。だから完全に「投資」です。目的はズバリ、人脈作り。

格安航空会社のエコノミークラスに乗れば、隣に座っている人は、同じく格安航空券を買っている人たち。平社員のサラリーマンや学生ですよね。これに対して、日本航空や全日空の国際線ビジネスクラスに乗る人は、言うまでもなく、100万前後の料金をポンと払っている人たち。上場企業の会長や社長、大臣クラスの政治家、地方で名士と呼ばれる人、誰でも知っているレベルの有名人、日本代表クラスのスポーツ選手などです。そういう人たちと隣同士になるんですよ。しかもロンドンまでなら12時間前後は隣同士。機内サービスのビールやワインを飲んだり、機内食を食べたりしながら、ゆっくりと話をするチャンスが十分にあります。

20代のペーペーが上場企業の社長に普通にアポを取ろうとして、会ってもらえるわけがありません。会ってもらえるようになるまで、どのくらいの年月がかかるのでしょうか。今すぐその人脈が欲しくても、作りようがないのです。でもナショナルフラッグのビジネスクラスに乗れば、隣に座っていて、リラックスした雰囲気でゆっくり話すことができる。しかも、向こうも「全日空のビジネスクラスに乗ってる人」という見方で接してくれる。

そこで「人脈作り」という自分の意図を正直に話したところで、超一流の成功者であれば、そのような思考ができて、しかも実際に１００万円を使って行動できている人に興味を持たないはずがありません。

もちろん、自分がまさに会いたい人が隣に座っているとは限りませんが、トップはみんなつながっています。言葉は悪いですが、取っかかりさえできれば、芋づる式に人脈は広がるのです。

そう思ってみた時、この１００万円は安くないですか？　普通のサラリーマンが何十年かけてもできない人脈が、たった１００万円で、１日で作れるんですよ。

僕の知人で脱サラしてアパレル会社を経営している方がいます。アパレルとはまったく関係ないジャンルの企業で働いていたため、脱サラ時点でファッション業界については完全に門外漢です。彼はまずファッションの本場の最新の動向を知りたいと思い、イタリアに行くことにしました。もちろん人脈なんてありませんでしたが、自分の目で実際に見るだけでも違うだろうと考えたのです。その際、アリタリア航空のビジネスクラスを購入しました。

機内で隣に座ったイタリア人とワインを飲みながら話をしているうちに、「どういうお仕事でローマまで？」と聞かれたので、脱サラしてアパレル会社をこれから作るつもりで、そのためのリサーチが目的だと話します。すると「どなたを訪ねて行かれるんですか？」と聞かれ、「特に知り合いがいるわけではないのですが…」と言うと、「それでは効果的なリサーチができないでしょう。私の友人に〇〇〇という会社の社長がいます。ローマに着いたら電話してみましょうか？」と提案してくれたのです。

結局、その方の紹介でイタリアの大きなアパレル会社の社長をご紹介いただき、その社長のアテンドで気鋭のデザイナーや工場関係者をはじめ、様々な人脈を作った彼は、帰国後にアパレル会社を立ち上げました。その後、たった1年で青山の骨董通りに路面店を出すに至ります。

右も左も分からない状態でファッション業界に入った人が、たった1年で、超一流ブランドがひしめく青山の大通りに路面店をオープンさせるなんて、なかなかできることではありません。

彼は「あの時、ビジネスクラスに乗ってよかった」とよく語っています。

このように、「お金」はいかに先行投資するかが大切です。

きちんとした「情報」を得て、お金を先行投資することが、人生をワープさせる唯一の

手段と言っても過言ではありません。

もちろん目先の生活もあるので自己資金を全額このような将来への投資に回せないかもしれませんが、**自己資金の40％は最低でも先行投資に充ててください。最初は頑張って生活を切り詰めてでも、先行投資を50％、60％にしていくと、成長率は急激に加速します。**

そして、稼ぎが増えてくれれば、それを再投資、さらに稼ぎが増えればまた再投資と繰り返すのです。すると、人生のステージは見る見るうちに上がっていきます。

自分を上がる株と思え！

「そうは言ってもなかなか自己投資にお金を使えなくて…」と思う方は、自分自身を株だと思ってください。

10万円で買うと1か月後に100万円になる株があるとします。何が何でも10万円を捻出して、その株を買いますよね。

10万円で買うと1か月後に1万円になる株があるとします。それを買う人は誰もいないでしょう。

自分自身に先行投資できないということは、自分で自分を下がる株だと思っているということですよ。自分で自分を信じられなくて、他の誰が信用してくれるというのでしょう。まずは「自分は上がる株だ」と自分で信じ切るのです。そうすれば、喜んで自分に先行投資できるはず。

そもそも自信の持ち方が分からないという方は、拙著『コンフィデンスシンキング～成功のための7つの絶対原則～』（扶桑社）に詳しいので、本書と合わせて、そちらをお読みください。

「お金」と「時間」と「労力」の先行投資と成長率の関係

これまで「お金」の話で先行投資の重要性について説明してきましたが、「時間」と「労力」も同じです。

「時間」の使い方も「労力」の使い方も、「お金」の場合と同じように、「消費」なのか「投資」なのかを常に意識してください。飲み会に行くにしても、その飲み会に使う2時間は「消費」としての2時間なのか、「投資」としての2時間なのか。何か作業をする場合、それが「消費」としての労力なのか、「投資」としての労力なのか。

そして、「お金」と同じように、「時間」と「労力」も先行投資するのです。

例えば、パソコンの技術を習得したいとします。

会社で自分のデスクに置かれているパソコンや学校のコンピュータールームのパソコンを使って、空いている時間に技術を磨くとしましょう。これはほぼノーリスクです。会社なり学校なりがお金を払ってくれているパソコンですから、自分の懐はまったく痛みません。会社や学校に行ったついでに空いている時間に練習するのですから、時間を費やすリスクもほぼありませんし、特別な労力を要するわけでもありません。つまり、目先のお金と時間と労力は節約できます。

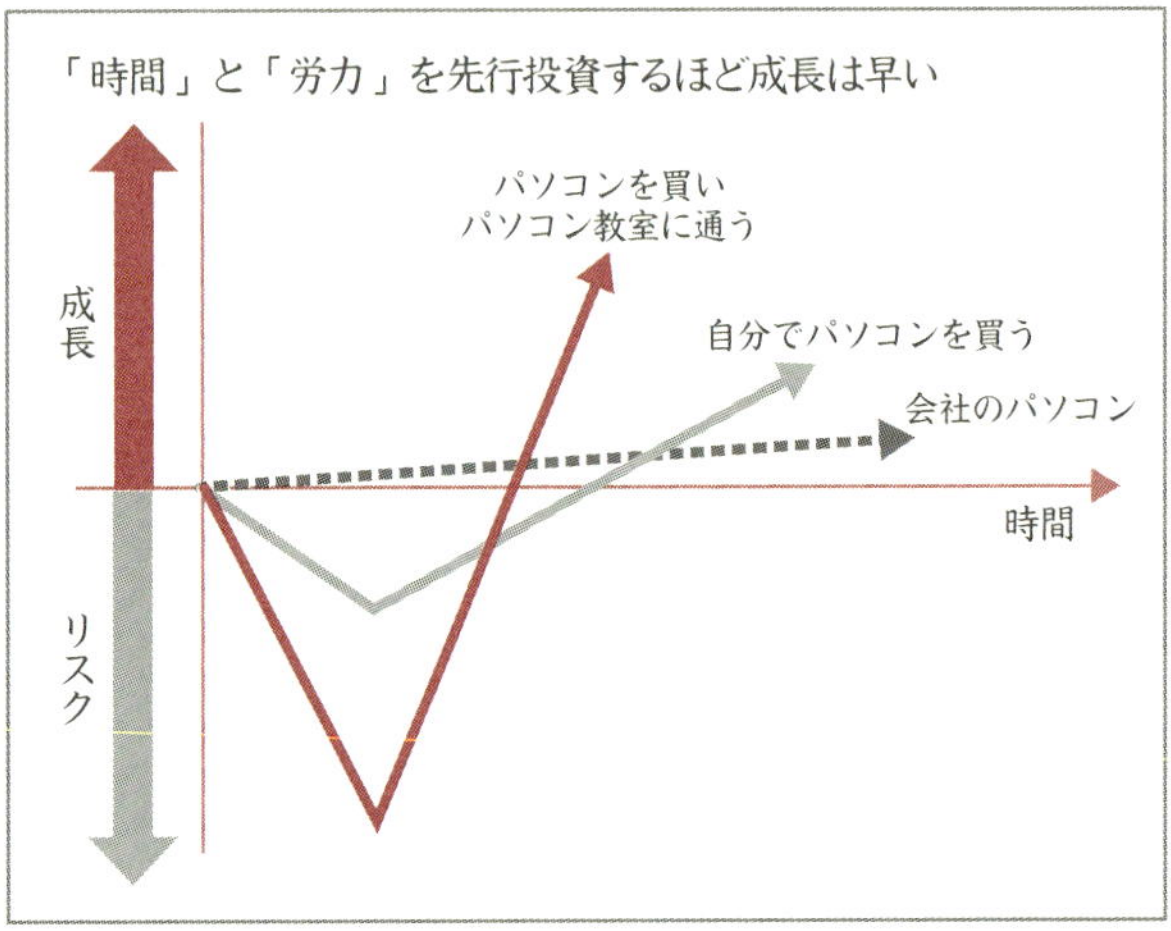

しかし、それでパソコンの技術が上達するでしょうか？　もちろん、少しずつはうまくなるでしょうが、成長曲線は非常に緩やかなものになります。

それでは、思い切って自分のパソコンを買ったらどうでしょう。もちろん、それなりにまとまった費用が必要になります。パソコンを選びに行くのに時間だってかかりますし、そのための労力も必要です。つまり、お金と時間と労力はまずマイナスに転じます。しかし、自分のパソコンを手に入れれば、アプリケーションを好きなように入れることができますし、好きな時に好きなだけ練習できるので、パソコン技術の向上は早くなるでしょう。

では、もっと思い切って、自分のパソコンを手に入れ、さらにパソコン教室にも通うとしましょう。言うまでもなく、ものすごく大きな出費になります。会社や学校の後でパソコン教室に通うのですから、時間だって労力だってものすごくかかります。スタート時のお金と時間と労力のマイナス度合いは凄まじいですよね。でも、成長のスピードはダントツ速いに決まっています。

さらに、同じパソコン教室に通うにしても、先行投資の金額を増やして、超一流の先生に個別指導してもらうとしたら？　間違いなく、成長速度は凄まじく速くなりますよね。

このように、**お金と時間と労力を先行投資すればするほど成長は早いので、結果的に大きな利益につながる**のです。

第8章

お金を稼げる「グローバリズム」

外に目を向ければ、「お金」はますます簡単に稼げる！

「学び方」「環境」「思考」「利益の絶対方程式」「レバレッジ」「情報」「お金の使い方」と、多角的に「お金の稼ぎ方」を教えてきました。

ここまでの学びを活かせば、それだけで日本国内において十分にお金を稼ぐことができるようになります。

そして、最終章ではお金を稼げる「グローバリズム」について確認していきます。

日本は世界からどのように見られているのか？

「グローバリズム」がどのようにパラダイムを変えるのか？

外に目を向けることが、どのように「お金を稼ぐ」ことにつながるのか？

そもそも「お金」の概念を根本から変えようとしている暗号通貨とは？

「グローバリズム」を制する者は、驚くほど短期間で異次元のお金を稼ぐことができるようになります。

日本は「滅びゆく国」

　今の日本が世界からどのように思われているかご存知ですか？　一言で言うと、「滅びゆく国」です。日本社会の最大の問題は少子高齢化です。日本は現在、人類史上類を見ないほどに人口のバランスが崩れています。

　経済史の大家アンガス・マディソンの研究によると、「100年以上の期間で見るとGDPにもっとも相関がある指数は人口」です。ナイトフランクとシティーグループのプライベートバンク部門が共同で発表した報告書によると、**2050年までに日本はブラジル、インドネシア、メキシコ、ロシア、ナイジェリアなどに抜かれ、エジプトにまで迫られると予測されています。**

当然ですよね。少子化で人口が減るということは、どんな業種であれ、単純に顧客が減るということ。高齢化で高齢者率が上がるということは、どんな業種であれ、生産性が下がるということ。生産性の減少と顧客の減少が同時に来ればどうなるか。小学生にだって簡単に分かることではないでしょうか。

ちなみに、2040年までに全国の地方自治体の約半数が消滅の危機に瀕します。「え、まさか？」と思うかもしれませんが、これも当然ですよ。日本の人口は2008年をピークに、富士急ハイランドのジェットコースターのような角度で落ちています。2040年には人口は1億人を切り、2100年には4000万人前後になります。ちなみにこれは僕の私見ではなく、国土交通省の発表です。

現在、日本政府は「地方創生」を掲げ、急激な人口減少を食い止めようと、あの手この手を打っていますが、大きな潮流は誰にも変えられません。社会経済のベースとなる人口が確実に、猛スピードで減っていきます。

人口の一極集中で一人勝ち状態の東京でさえ、2060年には人口が2割減少、高齢化率（人口比65歳以上の高齢者の割合）は39・1%になります。10人中4人が65歳以上の東京は、今の時点では想像し難いかもしれませんが、確実にそうなるのです。

社会保障給付費を消費税だけでまかなおうとすると、２０２５年には消費税22・5％、２０５０年には消費税35％と推計されています。ちなみにこれは僕の私見ではなく、政府予測として発表されているものです。挙げだすとキリがありませんが、正直、日本の数十年後に関して悲劇的なデータしかありません。

シンガポール建国の父リー・クアン・ユーが著書のなかで語っている「もし私が若い日本人で、英語が話せたら、今すぐ日本を出て行く」という言葉がすべてを表しているのです。

「地球人」の時代

このような状況下で、グローバリズムが進み、世界がつながってきたのは日本にとって本当にありがたいことです。

交通網の発達で世界は一気に近くなりました。東京からフィリピンまで飛行機で約4時間。東京から広島まで新幹線で行くのとほぼ同じ時間です。運賃も東京〜マニラの往復が安い便だと4万円前後。これまた東京〜広島の新幹線の往復とほとんど変わらない料金です。

このように、交通網の発達が世界の物理的距離を一気に縮めると同時に、インターネットの普及で世界は完全につながりました。すでに言及したように、インターネットを使えば、今この瞬間に、日本にいながらにして、ヨーロッパの人にもアメリカの人にも商品を販売することが可能なのです。

こうして世界がつながってきているなか、いつまで日本だけにこだわっているのか。

そもそも今の我々が認識している「日本」という国の括りだって、豊臣秀吉が1590年に全国を統一して以降のこと。たった425年前のことなのです。それまでは、今で言うところの「県」に当たる部分が一つの「国」でした。織田信長は尾張国の人、徳川家康は三河国の人、武田信玄は甲斐国の人という具合です。それが戦国時代を経て「日本」という国になりました。

現在はまさに当時と同じようなパラダイムシフトが起こっています。**インターネットの時代に入り、日本人という括りから、アジア人、もっと言うと、「地球人」という括りに広がっているのです。**

豊臣秀吉によって全国が統一されて「日本」という括りになったにもかかわらず、「俺は尾張国の尾張人だ！　日本なんて知らん！」とこだわることが、どれほどナンセンスか。同じように、インターネットが世界を結んでいる時代に「俺は日本国の日本人だ！　世界なんて知らん！」とこだわるバカさ加減に気づいてください。

もちろん、故郷に誇りを持つなと言ってるわけではありません。僕も日本が大好きだし、日本人であることに誇りを抱いています。要は、日本に誇りは持ちつつも、無駄なこだわりはやめましょうという話。

グローバル時代になり、地球はひとつにつながっています。それに抗ったところで仕方がない。日本人であると同時に、「地球人」であるという意識を持ってください。

世界に目を向けろ！

日本が人類史上で初めてというレベルの未曾有の少子高齢化で手の打ちようがない時代になりつつあるなか、かつての日本のように急成長してきた国々があります。中国やインドはその代表格。また、東南アジア諸国の凄まじい勢いにも目を見張るものがあります。

「滅びゆく国」と言われている日本にとって、すぐ近くに東南アジアというフロンティアがあることは、奇跡とも言うべき幸運です。東南アジアが日本の救世主であると言っても過言ではありません。

例えば、僕が移住先に選んだフィリピンの現状をご存知ですか？

フィリピンと聞くと、「汚い」「危ない」「遅れている」というイメージを想起する人が多いのではないでしょうか。ぜひ一度、フィリピンの首都マニラに行ってみてください。そのイメージは、外国人が日本と聞いて「サムライ」「腹切り」「忍者」と言ってるのと同じだとすぐに分かりますから。

フィリピンはまるで日本の時計を50年逆戻りさせたかのごとく、高度経済成長真っ只中です。

2013年のGDP成長率はアジアで唯一上方修正されて7・2%。2010年からの経済成長は平均6・3%です。

主要格付け会社の動きを見ても、2013年3月27日にフィッチ・レーティングスが、同年5月2日にはスタンダード・アンド・プアーズが、同年10月3日にはムーディーズが、フィリピンを投資適格国として格上げしました。しかも、スタンダード・アンド・プアーズは2014年5月8日に、ムーディーズも同年12月11日に、さらにもう1ランク格上げし、「見通しが安定的で、政権変更後も続く見通し」と発表しています。このように、大手格付け3社がフィリピン経済の力強さを高く評価しているのです。

フィリピンの人口は9943万人で、もうすぐ1億人を越えようかという勢いで増え続けています。背景にはフィリピンがアジア唯一のキリスト教国で、国民の93%がカトリックということがあります。カトリックでは中絶禁止なので、今後もずっと人口が増え続けるのです。

首都マニラは瀬戸内海に浮かぶ淡路島と同じくらいの大きさなのですが、マニラだけでも人口は2129万人。東京の人口が1335万人ですから、東京の1・6倍もの人がいます。淡路島に東京の1・6倍の人がいるとどうなるか、考えてみてください。当然、人だらけです。人口密度は1万4800人/㎢で世界第5位の大都市圏を形成しています。ちなみに、インドのデリーが人口密度1万1800人/㎢、中国の上海が6200人/㎢、東京が4400人/㎢。

ここで考えてみましょう。ビジネスや投資をやるとして、「過密の地域」と「過疎の地域」とどちらでやるほうがやりやすいか?

「過密の地域」がいいに決まっているのは、小学生にでも分かることです。

そして驚愕すべきはフィリピンの平均年齢が23歳であること。ちなみに日本の平均年齢は44・9歳。世界でもっとも人口ピラミッドが美しく、世界でもっとも人口ボーナスが期待されている国がフィリピンなのです。

さらに、フィリピンでは海外からの観光客獲得に向けてカジノ産業を政府の国策として後押ししていて、２０１３年クレディスイス報告書によると、フィリピンのカジノ産業は年率28％成長を遂げています。２０１８年市場規模はシンガポール市場予測56億ドルを超える61億ドルに達する見通しで、世界一のカジノ大国になろうかという勢い。

携帯電話の普及率は人口比１０７％。日本が１０９％ですから、ほとんど日本と変わりません。

Ｆａｃｅｂｏｏｋ利用率は人口比93・5％で世界1位です。日本のＦａｃｅｂｏｏｋユーザーは２５００万人ですから、人口比20％くらいでしょうか。

こうして少しデータを並べるだけで、フィリピンの印象は激変するのではないでしょうか。

その一方で、フィリピンの就業者の平均月収はまだ約4万６０００円です。

国全体の発展の勢いを考えると、いつまでもその状況が続くわけがないのは容易に想像がつきますよね。ＧＤＰが7％以上増えているのに、物価や地価が上がらないわけがありません。平均年収も今後どんどん増えてくるでしょう。日本がかつてそうだったのと同じように。

ちなみに、フィリピンで僕が携わっている銀行の定期預金の利率はUSドル建てで8・5%〜11・5%。日本の銀行の定期預金の利率は0・02〜0・03%。でも、過去には日本だって郵便局の利率が8%という時代がありましたね。ちなみにフィリピンでは外貨優遇政策を行っているので、フィリピン国内では外貨預金の金利は非課税なんですよ。

さて、フィリピンの勢いをお分かりいただいたところで、先に発展を遂げた文字どおり先進国たる日本の人たちにとって、自分たちがどれほど大きいアドバンテージを持っているか気づきますか？

収入が1か月20万円の人は、フィリピンに行くと、国民平均の4倍以上の収入があるということ。つまり、**日本で貧困層にあたる人たちも、国を変えれば一瞬で富裕層になれるのです。**

ビジネスを立ち上げるのも、不動産を手に入れるのも、想像以上に金銭的ハードルが低いですよ。例えば、飲食店をやるとします。日本なら初期費用1000万円必要でしょうが、フィリピンの場合、超一等地でも数百万円程度で可能です。そして、富裕層がたくさんいるのはもちろんですが、高度経済成長期ですので中間層がどんどんお金を持ち始めています。そのうえメイド・イン・ジャパンへの信頼感は抜群ですから、ラーメン1杯1000

円でも大行列。日本より高いくらいです。そして、従業員の人件費が1人4万6000円として目算してみてください。日本より初期費用がかからず、客単価は日本より高く、人件費は日本より安いのです。

日本でビジネスをやるには、頭をひねって隙間をついていかなければ難しくても、国を変えれば簡単ですよ。日本がかつてやったことと同じことをすればいいだけですから。

こうしてちょっと外に目を向ければチャンスはいくらでもあるのに、日本だけにこだわって、「苦しい苦しい」という理由がわかりません。

不動産投資だって同じです。例えば、マニラの超一等地、日本で言えば銀座のど真ん中にあたる場所の新築高層マンションが1LDKなら月々5万円程度の積み立てで購入できるんですよ。5万円というのはフィリピンでは平均月収以上の金額ですが、日本人なら学生がアルバイトをして支払える程度の金額ではないでしょうか。それで手に入るのが、高度経済成長真っ只中の国の首都でもっともいい場所にある最高級のマンション。セカンドベストのエリアなら月々3万円程度の積み立てで手に入る物件もたくさんあるくらいです。投資に絶対があるとは言いませんが、こんなに簡単に将来が予測できる投資は他にないと思うのは僕だけでしょうか。

一例として、僕が移住しているフィリピンを挙げましたが、東南アジア全域が急速に発展している現在、物価の差を大いなるアドバンテージとして活用できるという点だけを考えても、「**日本だけにこだわるな！　世界に目を向けろ！**」と僕が強く主張する理由がお分かりいただけましたね。

稼ぐ通貨もパルテノン神殿方式

第3章で「収入の柱をたくさん立てろ」ということで、パルテノン神殿方式について言及しましたが、グローバル時代の今、稼ぐ通貨もパルテノン神殿方式で複数作るのが理想的です。

日本円は現在、米ドル、ユーロに次いで、世界第3位の通貨です。しかも、日本はテクノロジーが強い国だけに、日本円は「安定通貨」とさえ言われています。資源国の場合、資源の変動により、その国の通貨の価値が上下しやすいのですが、人々が便利な世の中を望む限りにおいて、テクノロジーは常に必要不可欠だからです。

しかし、そうであっても、日本円でのみ資産を持っているのはリスクが高いですよ。日本が万が一デフォルトしたら？　デノミネーションにより、1万円が10円くらいの価値になったら？　もちろん、そういうことがないに越したことはありませんが、絶対に起こらないという保証もありません。

とんでもない額にまで膨らんだ赤字国債、人類史上類を見ないほどの少子高齢化に起因する悲劇的な経済の見通し。実際のところ、いつ何が起こってもおかしくありません。2009年9月に鳩山由紀夫氏が総理になった直後には、デノミネーションが実際に検討されていたことは紛れもない事実。2016年1月から運用されるマイナンバー制も、うがった見方をすれば、国がどうしようもない状況に陥った際の、預金封鎖による財産税徴収への政府の準備と受け取れないこともありません。実際、他ならぬ日本で、1946年3月に預金封鎖は現実に起こっています。ある日突然、国民全員の銀行預金が封鎖されて引き出しができなくなり、預金から最高税率90％の税金が徴収されたのです。

いずれにせよ、「絶対に大丈夫」ということはどこの国においてもありえない以上、リスクヘッジをしておくに越したことがありません。そう考えると、日本円だけで資産を持つのではなく、米ドルでも資産を持っておいたほうがいいし、ユーロでも持っておいたほうがいい。さらに言うなら、香港ドル、シンガポールドル、フィリピンペソなど、とにかく**資産として持っておく通貨の種類は多いほうがいい**ですね。

日本円が紙切れ同然になったとしても、米ドルがあるから生きていける。日本円も米ドルも共倒れても、ユーロがあるから大丈夫。3大通貨の米ドル、ユーロ、円がまさか総崩れしても、シンガポールドルがあるから問題ない。このような状態にしておけば安心です。まさに通貨におけるパルテノン神殿方式。

幸いにして、グローバル時代になったおかげで、日本人がアメリカ企業の商品を販売して米ドルを直接稼ぐとか、香港の商品をアフィリエイトして香港ドルを直接稼ぐということも容易になっています。外貨預金や海外での不動産投資も資産としての外貨を増やしていく手段です。

急激なパラダイムシフトが起こっている時代において、いつ何が起こっても大丈夫なように、しっかりと準備しておくに越したことはありません。

「暗号通貨」時代の到来

従来の「お金」の概念にとらわれない「暗号通貨」というものも広く普及し始めています。ビットコインがその代表格。他にも、リップルやイーサリアムなどの暗号通貨も有名です。ちなみに、日本では「仮想通貨」というふうに呼ばれることが多いですが、これは間違い。正しくは「暗号通貨」です。

これまでの常識では、中央集権的な政府が「これがお金です」と決めたものだけが「お金」として認められていました。それ以外のものを「お金」として使おうとすると、もちろん偽札ですので使うことができません。

しかし、「暗号通貨」はそもそもの概念が違います。

例えば、10人の集団があるとします。その10人全員で「我々の仲間うちでは、人生ゲームのおもちゃのお金を「本物のお金」ということにしよう」と取り決めるのです。すると、その10人のなかだけでは、人生ゲームのお金が、「本物のお金」として機能しますよね。10人のうちのAさんが、やはり10人のうちのBさんが焼いたパンを買いたいとして、人生ゲームのお金で支払ってパンを購入することができます。だって、お互いにそれは「本物のお金」と取り決めていますから。そして残りの8人がそれを承認すると、間違いなくAさんからBさんにお金の移動が行われたということになります。

これが暗号通貨の考え方です。要は、それがお金であると認めた仲間内だけで使える「お金」と考えれば分かりやすいでしょうか。ＴＳＵＴＡＹＡのＴポイントや、ビックカメラのビックポイントなども同じような考え方ですね。Ｔポイントの加盟店はＴポイントがお金の代わりになると認めているので、そういう店ではＴポイントで支払うことができるのです。

このような性質ですので、暗号通貨は中央集権的な政府のコントロール下にないというのが、大きな特徴だと言えます。

「暗号通貨」誕生の歴史

「暗号通貨」の誕生は、中本哲史《さとし》と名乗る人物が2008年にインターネット上にある論文を発表したのが発端です。論文の内容は、今までのように政府が通貨を発行するという仕組みではなく、P2Pの仕組みを利用して、通貨の発行や取引を分散処理し、暗号化の技術と組み合わせることで、特定の管理者に頼らずに通貨を発行、維持管理する技術に関するものでした。

その後、この論文に触発された研究者やプログラマーが、中本氏の提案したプログラムに改良に次ぐ改良を加えていきます。こうして誕生したのがビットコインです。

ここで終わっていれば、暗号通貨第一号のビットコインはプログラマーたちの単なる自己満足でした。しかし、思いがけない形でビットコインは流通を始めます。

「24時間いつでも世界中に、非常に安い手数料で、匿名で安全にすぐに送金できる」というのがビットコイン最大の特徴ですが、ここに目をつけて、それを「お金」として普及させた組織がありました。闇の犯罪組織「シルクロード」です。犯罪組織にとってみれば、麻薬や武器の密売などを行う際、政府の目に触れることなく、匿名で安全にすぐに送金できる通貨というのは、喉から手が出るほど欲しいのではないでしょうか。映画のワンシーンでよくあるような、どこかの埠頭で会って、現金の入ったアタッシュケースを渡すみたいなことをやる必要がなくなるのですから。シルクロードが摘発された時には、アクティブユーザーが16万人もいました。

そして、シルクロードの一件がアメリカ国内のニュースで報じられたところ、ビットコインの存在を知ったアメリカ国民の多くは「なんて便利なものがあるんだ！」と思い、そこから一気に一般層に普及しはじめます。

ビットコインの必要性

アメリカでは国内送金でも時間と手数料が相当かかります。例えば、ニューヨークからロサンゼルスに送金しようとすると、手数料は2000円～3000円。しかも着金するまで3～5日かかります。この現状を鑑みれば、「24時間いつでも世界中に、非常に安い手数料で、匿名で安全にすぐに送金できる」ビットコインをアメリカ国民が便利だと思うのは当然です。

また、ヨーロッパやアジアの人にとっても、この便利さはありがたいもの。国同士が隣接していて、国際送金の頻度が日本とは比較にならないほど多いからです。例えば、ヨーロッパ大陸に日本列島を置いたら、数か国にもまたがります。それを考えると、日本人が東京から福岡に行くような感覚で、ヨーロッパでは国を移動することになるのです。当然、国際送金の頻度は高くなりますよね。国際送金は言うまでもなく手数料も数千円単位だし、もちろん送金には時間もかかります。このあたりの不便さを解消すべくヨーロッパでは共通通貨のユーロが作られたくらいです。

このように、**アメリカの人だけでなく、ヨーロッパの人やアジアの人にとっても、明確な必要性があるので、ビットコインはどんどん普及していくようになる。**

それに対して、日本ではビットコインの必要性があまり感じられませんよね。例えば東京から大阪に送金するとして、銀行の閉まる15時以前であれば、振込手続き完了後、即座に着金しますし、夜に振込手続きをしても、翌朝には着金します。送金手数料も数百円です。しかも島国だけに、ヨーロッパやアジアの国々と比べて国際送金する頻度も低い。となると、そもそも必要性がないので、なかなか普及しません。

しかし、今はグローバリズムの時代です。日本でも海外とやり取りをする機会はどんどん増えてきています。日常的に国際送金が必要な人にとっては、ビットコインの便利さはたまらないですよ。

例えば、今この瞬間にパソコンを使って、日本にいながらにして、インドのプログラマーとスカイプでミーティングをしているとします。そして、そのプログラマーに作業の見積もりを出してもらいました。通常ですと、翌日に銀行で国際送金の手続きをし、1週間後くらいにインドに着金し、そこからプログラムの作業に着手されるわけです。

でもビットコインならば、見積もりを出してもらった直後にビットコインで送金し、画面越しにすぐにインド側での着金確認が取れるので、すぐさま作業に着手してもらうことができる。

スピードが要求される今の時代に、国際送金による1週間のロスがあるのとないのとでは、凄まじい差が生じるのは言うまでもありません。

「暗号通貨2・0」の時代

暗号通貨はビットコインだけではありません。2015年11月現在、約1200種類もの暗号通貨があります。普通の通貨が170種類と言われていますから、とんでもない数の種類です。もちろん詐欺まがいのものもありますが、時価総額ランキングの上位に入っているような暗号通貨はどんどん流通を広げています。それらはすべて必要性があるから普及するのです。

しかもその必要性が「送金の手段」だけではなくなってきています。送金に便利なのは当然として、プラスアルファの必要性が求められるようになってきました。時価総額ランキングトップ10に入る暗号通貨はすべて、送金＋αの必要性を満たしているのです。このプラスアルファは各通貨によって違いますが、送金＋αの時代に入ったことで、「暗号通貨2・0」の時代になったと言われています。

そんななか、2015年10月22日に欧州連合（EU）の最高裁判所に相当するEU司法裁判所は**「ビットコインは税法上、商品（コモディティー）ではなく通貨のように扱われ**

るべき」との判断を下しました。

暗号通貨は着実に各国通貨の代替的な地位への道を歩みつつあります。稼ぐ通貨のパルテノン神殿方式を考えるにおいて、日本円、米ドル、ユーロなどと並んで、ビットコイン、リップル、イーサリアムといった暗号通貨を加えることさえ考えてもいい時代かもしれません。

実際、暗号通貨で大きな富を形成した人もすでにたくさんいます。そういう人たちは「暗号通貨にはインターネット黎明期と同じような可能性が感じられる」と言うくらいです。

時代が動く時には、大きなチャンスがあります。常にアンテナを張りめぐらせ、乗り遅れないようにしてください。

おわりに ——確信×覚悟＝覚醒

本書ではありとあらゆる角度から「お金の稼ぎ方」を指南してきました。
このとおりやっていけば、間違いなく稼げます。
「お金は確実に稼げるんだ」という「確信」を持ってください。
序章でも言ったように、まずは信じることが大切です。
あとは「覚悟」を決めて行動するのみ。
覚悟を決めるから、実現できる。
逆に言うと、実現できないのであれば、それは「覚悟」ができていないのです。

確信×覚悟＝覚醒

プロフィール

泉 忠司（*Tadashi Izumi*）

【リアルドラゴン桜】

1972年、香川県高松市生まれ。偏差値30から半年で全国模試1位に。ケンブリッジ大学留学、早稲田大学British Studies研究所客員研究員、横浜市立大学、青山学院大学、日本大学の講師を経て、現在は国士舘大学の講師を勤める。専門はイギリス文学・文化全般。

独自の教育理論と歩んできた実人生から「リアルドラゴン桜」と呼ばれ、コミック『ドラゴン桜』12巻（講談社）でも紹介される。


【ミリオンセラー作家】

『歌って覚える英文法完全制覇』（青春出版社）をはじめとする「泉忠司の完全制覇シリーズ」は大学受験参考書シリーズで確固たる地位を占める。

また、『コンフィデンスシンキング～成功のための7つの絶対原則～』（扶桑社）が読売新聞ビジネス書ランキング1位に、『魚の釣り方は自分で考えろ』（中経出版）が紀伊國屋書店、ジュンク堂書店などの週間ランキング1位に。

さらには、恋愛小説『クロスロード』（ゴマブックス）がシリーズ100万部のベストセラーになるなど、多岐に渡る著書は50冊以上・累計350万部を超える。


【クロスメディア時代の寵児】

既存のジャンルにとらわれない斬新な企画を次々とプロデュースすることから「クロスメディア時代の寵児」との異名を持つ。

映像・ミュージカル・プロレス・書籍などを融合した総合エンターテインメント『ラブ&ハッスル』、アラフォー100名によるアイドルユニット「サムライローズ」、泉忠司×河村隆一による音楽と小説のコラボレーション『抱きしめて』（小説：徳間書店、音楽：avex）などは大きな話題に。

バカとブスこそ金稼げ！

2015年12月12日　初版　第1刷　発行
2015年12月26日　　　　第3刷　発行

著　者　泉　忠司
発行者　安田 喜根
発行所　株式会社 マネジメント社
東京都千代田区神田小川町2-3-13M&Cビル3F（〒101-0052）
TEL 03-5280-2530（代表）FAX 03-5280-2533
http://www.mgt-pb.co.jp
印刷　中央精版印刷㈱

ISBN978-4-8378-0474-1 C0033